学研模試セレクトシリーズ

今から間に合う
総合・推薦
入試面接

宮岡政徳 著

高校で、部活も委員会もやっていない人

マジメだけど目立たない人

明るい性格だけで乗り切ってきた人

勉強もスポーツもフツーの人

学校推薦型選抜（推薦入試）や

総合型選抜（AO入試）の合格者の中心 は、

そんな人たちです。

特別な能力のある人たちだけが合格しているのでは

ありません。

でも、その一方で、不合格になってしまう人たちもたく

さんいます。

学校推薦型選抜や総合型選抜で、

合否の重要なポイントとなるのが「面接」です。

合否を分けたのは、つきつめれば、その「面接」で、

「大学に行きたい」という気持ちが伝えられたか
あなたの個性をアピールできたか
だったと言ってもいいでしょう。

この本には、学校推薦型選抜や総合型選抜の
「面接対策」に照準を合わせ、
「気持ちを伝える」「個性をアピール」につながる、
重要なヒントやアドバイスを、
さまざまな角度からまとめてあります。

この本を手にしているあなたは、
きっと来年の今頃は素敵な大学生になっています。
そんな強い気持ちで、「面接」の準備を始めましょう。

学校推薦型選抜……従来の推薦入試。原則として、出願は11月以降、合格発表は12月以降。
総合型選抜…………従来のAO入試。原則として、出願は9月以降、合格発表は11月以降。

今から間に合う
総合・推薦入試面接
―― もくじ ――

第2章

大学入試の『面接頻出質問50』 …… 29

最近＆今後のこと

第3章

学部系統別
面接で聞かれる
重要テーマ18

第1章

大学入試の『面接』を知ろう!

大学入試の
面接を知ろう

その1

面接の形式

面接にはいくつかの形式がある。形式によって、準備のポイントも違ってくる。出願校が決まったら、どのような形式で面接が行われるのかを必ずリサーチしよう。

❶ 個人面接 パターンa

（受験生1人：面接官1人）
【面接時間3～5分】

| 面接官 | ● |
| 受験生 | ● |

受験生と面接官が1対1で面接を行う形式。

　面接官の好みや価値観で、面接の評価が異なってしまうことを避けるために、**どの面接官も、あらかじめ用意した同じ質問をする**ケースが多い。このような場合、**面接の目的は、「好ましい人物を発掘する」ことよりも、「表現力やコミュニケーション能力などに、問題がない人物であることを確認する」**ことである可能性も高い。

　したがって、面接時間が他人に比べて極端に短くなるのは、1つか2つの質問で面接官が「この受験生には問題がない」と判断した時に生じやすいので、受験生としては心配する必要はない。

　受験生全員に同じ質問をするケースが多いだけでなく、**質問内容が年度によって大きく変更されることも少ない。**したがって、前年度の質問内容をリサーチしておき、その質問を想定した面接対策を行っておくことが、大きな効果をもたらすことは言うまでもない。

　部屋の中で1組の面接が行われるのではなく、**部屋の中で何組もの面接が同時に進行する**ケースが多い。

❷ 個人面接 パターンb

（受験生1人：面接官2〜3人）
【面接時間5〜20分】

面接官 ●●●
受験生 ●

面接を知ろう

　最もオーソドックスな形式で、多くの大学で実施されている。1人の面接官が中心になって質問をする。他の面接官はあまり質問をせず、受験生の態度や答え方・答えの内容を観察し、採点表などの書類に記入するという状況がよく見られる。

　面接官を複数にしているのは、面接の評価を面接官の好みや価値観の違いなどに左右されることなく、一定の基準で行うため。**面接の目的は「好ましい人物の発掘」**にあるので、受験生が「好ましい人物」であることを見逃さないように、**中心となって質問している面接官が質問しなかったことを、他の面接官が追加質問することもよくある。**

　高校の調査書や事前に提出した書類などをもとに、受験生の隠れた一面を探し出そうとするので、**質問内容は一人一人異なることが多い。**また、受験生の答えに対する追加質問の回数も多くなる。質問されることを予想して面接の練習をするよりも、**質問内容に即して臨機応変に対応できるような準備が大切**だ。

　基本的には、**質問する面接官に視線を合わせることが大事で、他の面接官は気にしなくてもよい。**余裕があれば、回答中に面接官全員に視線を移し、面接官全員と対話している気配りも示そう。質問者が変わった場合には、その質問者に必ず視線を合わせること。

❸ グループ面接

（受験生3〜5人：面接官3〜5人）【面接時間20〜60分】

　数人の受験生が同時に面接を受ける形式。個人面接と同じように、1人の面接官が中心になって質問をすることが多い。最初の質問で受験生Aを最初に指名した場合、次の質問では受験生Bや受験生Cを最初に指名するので、**常に最初の回答者になったり、常に最後の回答者になったりすることはない。**

　グループ面接でいちばんの**不安は、「自分が話そうと思ったことを、他人が先に話してしまう」**ということだろう。しかし、それは面接官も承知している。例えば「好きな教科」「好きな言葉」が他人と重なってもしかたがない。「なぜ好きなのか」を自分の言葉でアピールしよう。

　グループ面接で重要なのは、**質問に対して回答したい受験生が挙手し、面接官の指名を受けてから回答するというパターンへの対応。**積極性を見せようとして最初に挙手して指名されても、回答がまとまっていなければプラスイメージは与えられない。逆に回答に自信がないからといって、1回も挙手しないのでは、マイナスイメージになってしまう。**模擬面接で何度も練習して、自分らしさを最もアピールできる回答パターンを身につけたい。**

　グループ面接では、**他の受験生への質問だと思っていると、急に「あなたは？」と振られることも多いので、油断は禁物。**また、他の受験生の回答に対する**面接官の態度から、その回答をどう感じているか**（「おもしろい」「長すぎる」「言いたいことがわからない」など）**を察知できる。**自分が回答する際の参考にしよう。

面接官 ●●●

受験生 ●●●

④ ディスカッション

（受験生5〜10人：面接官3〜5人）【面接時間30〜60分】

　受験生5〜10人にテーマを与え、ディスカッション（討議・討論）させる形式。**司会役・発言者役（賛成の立場・反対の立場）が割り振られ、意見を出し合う。**面接官は、討論に参加することはなく、客観的に受験生の発言を審査する。

　役割を自由に選択できるなら、**司会役になると面接官に好印象を与えやすい。**「リーダーシップ」「進行能力」「調整能力」「少数意見の尊重」など、さまざまな能力をアピールできるからだ。

　ただし、**討論がテーマからずれ始めた時や一人の発言が極端に長引いた時の修正、意見が出し尽くされたかどうかの見極め、意見の要約など、難しい部分もあり**、討論がうまくいかなかった時には責任を取るくらいの覚悟が必要だ。

　発言者役になった場合には、とにかく積極的に発言すること。恥ずかしがっている場合ではない。他の発言者と同意見の場合でも、「私も同じ意見です」といった**同調だけの発言で終わるのはNG。**「なぜなら〜」と理由を述べたり、「例えば〜」と具体例を示したり、異なる角度からの意見を述べることを強く意識しよう。

　ディスカッションで最悪なのは、暴論・極論に走ったり、相手の意見に感情的になったりしてしまうこと。**常に冷静になって、反対意見や厳しい意見を述べるときこそ穏やかな口調で発言する**ことを心がけよう。

⑤ プレゼンテーション

（受験生1人：面接官3〜5人）【面接時間10〜30分】

　面接官を理解・納得・共感させることを目的に、受験生が自分の考えた方法で説明する形式。芸術系学部の学校推薦型・総合型選抜で、自分の作成した作品について説明させる、というケースが多いが、他の学部系統でも、「課題文を読ませ、自由に意見を述べさせる」「志望理由について、自由に語らせる」という形を採用する大学もある。

　プレゼンテーションを行う際のテクニックにはいくつかあるが、**最優先事項は「自分の主張を明確に伝えること」**である。先輩の失敗談に「具体例や理由の説明が長くなりすぎ、面接官から『結論は何なのか？』とツッコまれた」という内容が多いことを考慮すると、【PREP法】が良いと思われる。

　【PREP法】とは、「Point（結論）⇒ Reason（理由）⇒ Example（具体例）⇒ Point（結論の繰り返し）」の流れのこと。この流れを踏まえて、「自分の作品のテーマ」や「自分の志望理由」について語る練習をしてみよう。

面接の流れ＆面接官の狙い

面接官の質問には一定の流れがある。また、質問項目は、ジャンル別に分類することができる。面接の流れを把握し、面接官の狙いをジャンル別に理解しておくことが、良い面接結果をもたらす重要なポイントになる。

❶ 面接スタート

面接は、以下のような質問からスタートすることが多い。**受験生をリラックスさせることが目的**だ。

> **例** お名前をどうぞ。（**回答例** 山田太郎です。）
> **例** 昨日はよく眠れましたか。（**回答例** 緊張してあまり眠れませんでした。）
> **例** 今朝は何時頃起きましたか。（**回答例** 6時30分に起きました。）
> **例** 朝食は何を食べましたか。（**回答例** パン・サラダ・目玉焼き・牛乳です。）

これらの質問に対しては、**回答例**のように簡潔に答えればよく、**評価の対象にならない**と考えてよい。この段階で、「もっと大きな声で話してください」「もう少しゆっくり話してください」などと指示されることもあるが、**指示に従って修正できれば何も問題はない**。

ただし、この部分が省略され、**❷ 本格的な質問❶**から始まる大学もある。

❷ 本格的な質問❶ （大学・高校に関する質問）

Ⓐ 大学入学に関する質問 ➡ 進学意欲、大学や学部・学科の理解度の確認が目的

> **例** この大学を選んだ理由は何ですか。
> **例** この学部・学科を選んだ理由は何ですか。
> **例** オープンキャンパスに参加しましたか。

Ⓑ 大学入学後に関する質問 ➡ 自分の将来像をイメージできているかの確認が目的

> **例** 大学でやりたいことは何ですか。
> **例** 取得したい資格・免許はありますか。
> **例** 大学入学後に、海外留学する希望はありますか。

Ⓒ 高校生活に関する質問 ➡ 高校生活の充実度、人間関係、協調性などの確認が目的

> **例** 高校生活でいちばんうれしかったことは何ですか。
> **例** 高校では、クラブ活動をしていましたか。
> **例** 友達との付き合いで、大切にしていることは何ですか。

Ⓐ「大学入学に関する質問」については、「あなたの理想とする教師像とは」（教育学部）、「電子マネーの長所・短所は」（経営学部）、「あなたはどのようなロボットを作りたいですか」（理工学部）のように、学部・学科に関する質問に発展していく可能性も十分にある。

③ 本格的な質問II （受験生本人に関する質問）

Ⓓ 受験生の資質に関する質問 ➡ 自己評価・自己分析ができているかの確認が目的

> 例 あなたの長所・短所は何ですか。
> 例 苦手な科目は何ですか。
> 例 あなたの好きな言葉は何ですか。

Ⓔ 受験生の生活に関する質問 ➡ 生活態度・社会性などの確認が目的

> 例 ボランティア活動に参加したことはありますか。
> 例 休日はどのように過ごしていますか。
> 例 SNSの長所・短所は何だと思いますか。

②本格的な質問I と ③本格的な質問II が、学校推薦型・総合型選抜での面接の中心だと考えてよい。 P20「好印象をGetできる！ 態度＆話し方」でも示しているように、単純に答えを述べるだけでなく、「なぜそう思ったのか」「そう思ったきっかけは何か」「それによって何が得られたのか」などを示すことが求められる。

④ 本格的な質問III （高校での学習内容・一般常識に関する質問）

Ⓕ 高校での学習内容に関する質問 ➡ 学習内容の理解度の確認が目的

> 例 百人一首の中で、好きな歌を挙げてください。（文学部国文学科）
> 例 五大栄養素を挙げてください。（家政学部）
> 例 「エネルギー保存の法則」を説明してください。（理工学部）

Ⓖ 一般常識に関する質問 ➡ 社会に対する関心の高さの確認が目的

> 例 最近、いちばん気になったニュースは何ですか。
> 例 18歳に選挙権が与えられたことをどう思いますか。
> 例 アメリカの大統領は誰ですか。所属する政党名も答えてください。

④本格的な質問III は、その場で考えて答えられるものではない。知っているか知らないかが勝負になる。出願する大学の、前年度までの出題内容をリサーチし、傾向を把握しておく必要がある。

一般常識については、最近の重大ニュースについて問われることが多い。P150「知っておきたい時事問題」を参考に、特に志望する学部・学科に関するニュースについては、知識を増やしておきたい。

⑤ 最後の質問

本格的な質問I〜IIIで終了する大学がほとんどだが、最後に、次のような質問をする大学もある。「あなたから、何か質問したいこと、言いたいことはありますか」

本格的な質問が終了し、ホッとした瞬間にこのように質問されると、つい「特にありません」と言ってしまいがちだが、それではもったいない。P110の回答を参考に、最後まで自分らしさをアピールすることに努めよう。

好印象をGetできる！ 身だしなみ

日頃のスタイルは一度忘れて、
人生を左右する受験用だと割り切って臨もう！

爽やかなイメージの髪型

・パーマや派手な色のカラーリング、ボサボサ・寝ぐせはNG。
　➡黒髪に染め直す際、自分でやると染めムラが出て、かえって目立つことになりかねない。人生の大切なイベントだから、理髪店や美容院にお願いしよう。

・**前髪の長さに注意！**　目が隠れるとそれだけで印象が悪くなるし、お辞儀をするたびに髪が乱れるのも印象が悪い。黒・紺・茶色のピンやゴムなどで留めて、髪型が崩れないようにしよう。

・男子のロン毛もNG。この際だから切ってしまおう。短い場合はツンツンと立たせた雰囲気もNG。今風の左右非対称の髪型も印象が悪いから気をつけて！

高校生らしい服装　ポイントは、清潔＆ジャストサイズ！

・制服があれば**制服を着るのがベスト**。制服がない場合は、紺やグレーなど、落ち着いた色のブレザー（ジャケット）を着よう。大学の入学式用にスーツを新調しておくのもよい。

・洋服は、**ジャストサイズ**のものに。ブカブカ・ダボダボはだらしなく見える。

・スカートの長さは、ひざ下ぐらいがベスト（長すぎず、短すぎず）。長いスカートをウエストで巻き上げているのも、動くと見えてしまうからNG。

・ズボンの腰ばきはNG。すそを引きずらないようにしよう。

・**靴下は、白・黒・紺・グレーの無地**に。くるぶしの長さのソックスはカジュアルすぎるのでNG。

・靴はスニーカー（運動靴）でもOKだが、汚れのないものに。革靴はきちんと磨いておくこと。新しい靴の場合は、履き慣らしておいて靴ずれしないようにしよう。

・ネクタイを締め慣れていない人は、窮屈に感じて落ち着かないもの。当日の服装で何時間か過ごしておくことも大切。

・**清潔感をアピール**したいので、汚れやしわなどがないように気をつけよう。

・ボタンが取れかかっていないか、すそなどがほつれていないかも事前に確認しておこう。

化粧はしない！　素顔のあなたを見てもらおう

・面接に臨む際には**ノーメイクが基本**。普段メイクをしている人はすっぴんに慣れておこう。また、眉毛を剃っている人は、生えそろうまでに時間がかかるので要注意！

アクセサリーはつけない！　ピアスはしない

・ピアスの穴を隠そうとして、絆創膏を貼る人がいるが、かえって目立つことに。ピアスをしなければ大丈夫。

・指輪はもちろん、パワーストーンやミサンガなども、それがお守りだとしても目立ってしまうので外しておこう。

ひげはきちんと剃る

・無精ひげはだらしなく見えるので、きちんと剃ろう。鼻毛や目やになどにも気をつけて支度しよう。

爪はきれいに切る

・指先も意外と目立つ。爪をきちんと切っておこう。マニキュアやネイルアートはNGだ。

マスクは面接中には外す

・マスクをしていたら表情がわからない。たとえ風邪気味でも、入室前には必ず外してかばんやポケットへ（アレルギーなどの健康上の理由から、マスクや帽子を着用して面接に臨みたい人は、事前に大学の入試担当部署に連絡しておく）。

□前髪が目にかかっていないか

□ネクタイ・リボンは曲がっていないか

□シャツ（ブラウス）にアイロンをかけてあるか

□服にしわや、糸くずなどがついていないか

□スカートのプリーツやズボンに折り目がきちんとついているか

□スカート丈が短すぎたり長すぎたりしないか

□靴下の色や長さは妥当か

□靴は汚れていないか

□髪はきちんと整っているか（寝ぐせなどがないか）

□（つめえりの場合）カラーが付いているか

□肩や背中にフケがないか

□ネクタイを曲がらずにきちんと締めているか

□ボタンを第一ボタンまで留めているか

□シャツの袖口に汚れがないか

□ポケットからハンカチなどが出ていないか

□すそがほつれたり、引きずったりしていないか

好印象をGetできる！ 面接のマナー

身だしなみだけでなく、入退室のマナーを身につけておけば、面接官の印象は確実にアップする。ポイントは、2つの動作を同時にしないこと。「お辞儀」「挨拶」「歩く」、この3つの動作を、別々に確実に行おう。

入室から着席まで

面接官：「○○○番、○○○○さん」

❶ 「はい」と大きな声で返事をする。

❷ 少し心を落ち着かせてから、ドアを軽く2〜3回ノックする。
面接官：「どうぞ、お入りください」

❸ ドアを静かに少し開け、「失礼します」と言ってからドアを大きく開けて入る。

❹ ドアに向き直って、静かにドアを閉める。
※面接官に完全に背を向けることがないように、ドアに対して斜めに立って閉める。
※ドアを閉める音が大きく鳴らないように注意！

❺ 面接官の方に向き直ってから、お辞儀をする。

❻ 姿勢を正して、椅子の方へ歩き、椅子の横（入ってきたドアに近い方の側）に立つ。

❼ 「○○○番、○○○○です。よろしくお願いします」と言ってから、お辞儀をする。
面接官：「どうぞ、おかけください」

❽ 「失礼します」と言ってから、着席する。

※荷物を持っている場合は、着席後に椅子の横に置く。荷物が倒れないように、自立するかばんを選ぶか、椅子の脚に立てかける。
※コートを持っている場合は、小さくたたんでかばんの上に置く。

よろしくお願いします

男子

女子

座り方

・椅子には**背筋を伸ばし**、やや深めに座る。ただし、背もたれには寄りかからないこと！

両膝を少し開けて座り、両手は軽く握って膝の上に。

両膝をつけて座り、足先もそろえる。両手は右手を下にして重ね、膝（太もも）の上に。

ありがとうございました

面接終了から退室まで

面接官：「面接は以上です」

① 「はい」と言ってから、両手を脇にそろえて立ち上がる。

② 気をつけの姿勢のまま斜め後ろに下がって、椅子の横に立つ。

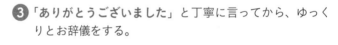

失礼します

③ 「ありがとうございました」と丁寧に言ってから、ゆっくりとお辞儀をする。

④ 背筋を伸ばして、ドアまで歩く。
　※退出時、「面接官にお尻を向けたら失礼」と思っているかもしれないが、後ずさりしながら歩く方がかえって変。きちんとドアの方を向いて歩こう。

⑤ ドアの前で面接官の方へ向き直り、「**失礼します**」と言ってから、**もう一度お辞儀**をする。

⑥ ドアに向き直って、静かにドアを開ける。

⑦ 部屋から出たら、ドアに向き直って、静かにドアを閉める。
　※緊張から解放されて「終わったー！」などと大きな声を出したりしないように。

⑧ 静かに控え室に戻り、次の指示を待つ。

好印象をGetできる！ 態度＆話し方

面接官は機械ではない。だから、同じ答えであっても、受験生の態度や話し方で、評価が変わってくることがある。つまり、答えの内容と同じように、態度や話し方も面接の重要ポイントなのだ。ここでは、面接官に好印象を与える態度＆話し方を確認しておこう。

Point 1　姿勢を正す

　姿勢を正すことで、無意識のうちに「自信があるのだ」という自己暗示がかかる。そして受験生の自信がありそうな態度を見ると、面接官も「この受験生は自信があるのだ」と思い込みやすくなる。このプラス方向の連鎖反応が、好印象を生み出すのだ。
　背筋を伸ばすだけでなく、指先までぴしっと神経を行き届かせるような気持ちが大切だ。

Point 2　笑顔・笑顔・笑顔

　高校野球などで、守備についている選手たちが、ピンチの場面にもかかわらず、みんなで笑おうとしているのを見たことがないだろうか。笑顔には緊張感や不安感を弱める効果がある。
　そして笑顔は、面接官や面接会場の雰囲気を和ませる効果がある。さらに笑顔は、ちょっとした失敗も隠してしまうような効果もある。
　アハハと笑いながら話すのではなく、にこっと微笑みながら話す練習をしよう。

Point 3 面接官の話に合わせ、軽くうなずく

面接官の質問に、**軽くうなずいてから答えよう**。「うなずく」のは、面接官の質問内容が理解できているというサインになる。

グループ面接・ディスカッションなどの時には、他の受験生の話にうなずいたり、面接官の他の受験生への質問にもうなずいたりすることも忘れないように。

Point 4 聞き取りやすい声ではっきりと

選手宣誓のような「大きな声で話す」必要はない。面接官が聞き取りやすいように、はっきりと話すことを心がける。**聞き取りやすくするためには、強調したい部分を大きな声で話す**とよい。また、わざとらしくならない程度に、ボディランゲージを加えてもよい。

○○○と思います

Point 5 「敬語を使って話そう」という態度が重要

「『正しい敬語を使う』ことを意識しすぎて、思ったことを話せなくなった」という失敗談をよく聞く。敬語に苦手意識をもつ人は、「**敬語を使って話す**」ことを重視し、どんな質問にも、「○○です」「△△ます」の形で答えられることを目標に練習しよう。緊張して言い間違えることを恐れずに、「敬語を使って話そう」という態度で、「礼儀正しい・真面目・一生懸命」という印象を面接官に与えよう。

Point 6　相手の目（鼻のあたり）を見て話す

　　相手の目を見ていると、「相手に伝える」ことだけに意識を集中できる。また、人間には、目を見て話す相手に好感をもちやすい傾向があるので、面接官の気持ちをとらえやすい。

　　ただし、相手の目を見るとどうしても緊張してしまうという人は、鼻でもよい。その違いを、面接官に気づかれることはないから。

Point 7　間を大切に

　　例えば三つのことを列挙する時には、「第一は○○。（間）第二は△△。（間）第三は□□」のように、少し間隔を開けて話したい。「間（ま）」には、相手が話の内容を整理できる、自分自身が落ち着ける、相手の注意を惹きつけられる、などの効果がある。

　　日頃、早口だという指摘を受けている人は、特に注意するとよいだろう。

Point 8　結論から話そう

　　まず結論から話す。それから理由・詳細・具体例などを話す、という話し方を身につけよう。例えば、「高校生活で、いちばん印象に残っていることは何ですか」という質問に、「高2の冬休みに、クラス全員で何かをしようという話になり……」などと答え始めてしまうと、収拾がつかなくなってしまう。

　　「高2の元旦に、クラス全員で鎌倉に初詣に行ったことです」などと結論をまず伝え、そうなった経緯などを説明するような話し方が、面接官にインパクトを与える。

ペラペラ
ペラペラ
……
長い……

間違って
いるかも
しれませんが

Point 9 わからない質問には 無理に答えなくてもよい

　教科に関する質問や一般常識の問題には、知らなければ答えられないものもある。わからない場合には、「わかりません」と答えてよい。自信がない時には、「よく覚えていませんが」「間違っているかもしれませんが」と前置きしてから始めてもよい。

　なお、答えがわからないのではなく、質問内容がわからないときは、「すみません、質問の意味がわかりませんでした」とはっきり告げよう。

Point 10 答えの「理由」「背景」「具体例」なども積極的に伝えよう。

パターンA

面「好きな教科は何ですか」
受「日本史です」
面「なぜ好きになったのですか」
受「小さい頃から、お城を見学するのが好きだったからです」
面「今後、どこか行きたいお城がありますか」
受「春休みに、姫路城に行きたいと思います」

パターンB

面「好きな教科は何ですか」
受「日本史です。小さい頃からお城を見学するのが好きだったことが影響していると思います。春休みには、姫路城に行くことを予定しています」

　パターンAもパターンBも、結果的に話した内容は同じ。しかし、パターンBの方が、面接官に好印象を与えることは明らか。それは、「なぜ好きになったのですか」という追加質問があることを意識して答えているからだ。

　面接官はできるだけ多くの質問をしたいと思っているが、面接時間は限られている。パターンAのように追加質問が増えると、結果的に質問項目が少なくなり、自分のいろいろな面を見せる機会を失うことになるのだ。

P29から もっとくわしく

P29からの「合格する回答」では、すべてパターンBでの回答を示してある。このテクニックを身につけられるかどうかが、合否を左右することになるだろう。

受験生の素朴なナゼ?
(疑問)に答える

面接で好結果を残すためには、「心の準備」も必要だ。
君たちが前向きな姿勢で、納得して面接に臨めるように、面接に対して多く寄せられる「疑問」に答えておこう。

なぜ、化粧・ピアス・ネイルは
いけないの?

こう考えよう!

　どの面接対策の本にも、「化粧はNG」「ピアスもダメ」「ネイルもしない」「スカートは短すぎない」「茶髪も厳禁」などと書いてあり、高校の先生や保護者からもそんな指導を受けているに違いない。

　これに対して、「なぜいけないのか?」という疑問をもつ受験生もいるだろう。

　理由は簡単。それらの行為が、**社会的な常識(マナー)から外れている**、と面接官に判断されるからだ。例えるなら、「結婚式で花嫁の友人として招かれた女性が、花嫁より派手な衣装で出席する」「お通夜・告別式に、黒っぽい服ではなく、明るい色の服で出席する」のと同じ行為なのだ。

　中には、「お通夜・告別式に明るい色の服を着ていったけれど、誰にも注意をされなかった」という人がいるかもしれない。それは、あなたが参列者という**「その他大勢」の一人だったから、そして子供扱いされていたから、許されていた**だけなのだ。

　面接では主役はあなた。そして当然大人扱いされる。だから、社会的な常識(マナー)を守ることが要求されるのだ。

　とはいえ、化粧・ピアス・ネイルなどの禁止は、あくまで「マナー」であって「ルール」ではない。あなたが化粧・ピアス・ネイルをして面接に臨んでも、それだけでは不合格にはならない。ただし、面接会場にいる**大学関係者や他の受験生の冷たい視線を浴び、面接官から「かわいいピアスですね」なんていう皮肉を込めた質問を受けるかもしれない。**そのような状況では、「合格する回答」を連発するのがほとんど不可能に近くなることは言うまでもない。

Why? 2 面接のマナーも評価の対象になるの？

こう考えよう！

　面接対策の本には、面接の以下のような**基本的なマナー**が示されている。

◇「ドアを2〜3回ノックし、『どうぞ』などの返事があってから入室する」

◇「入室後は椅子の横に立ち、『おかけください』と言われたら、『失礼します』と言ってから着席する」

◇面接官の質問には、敬語を使って答える。

　これらのマナーが、評価の対象になっているのかを、疑問に思っている人もいるだろう。そして、「『どうぞ』と言われる前に入室してしまったら」「『失礼します』と言わないで着席してしまったら」などという心配が大きくなってしまった人もいるに違いない。

　心配はいらない。**大切なのは、あなたがマナーを守ろうという意識があることを面接官に伝えること。**もし、「おかけください」と言われる前に座ってしまったというミスに気がついたら、「すみません」と言ってやり直せばいいだけだ。

　ほとんどの人が苦手にしている敬語だって、そんなに神経質になることはない。確かに、「校長先生が拝見した……（正解は『ご覧になった』）」や「父がおいでになる……（正解は『伺う』）」のような、初歩的なミスを連発するのは問題だが、「先生がおっしゃられた……（正解は『おっしゃった』）」のような言い間違いが、**減点の対象になることはほとんどない。**

　つまり、**面接を受ける側として、謙虚な態度や言葉遣いをしようとする姿勢が重要**なのだ。

面接で、ウソはつきたくないんだけど……（Part1）

Why?
3

こう考えよう！

「ボランティア活動のことよくわからないけど、『興味あります』って言わないといけないのかな」「将来のことなんか考えていないのに、『入学後の抱負は……』なんて、語る気になれないよ」

面接対策の本では、面接官の質問に対して、前向きに答えることが強調されている。それを「ウソをつくこと」と感じ、反発する受験生も多いようだ。

面接官は、受験生が多かれ少なかれ面接対策をして、その場にいることを承知している。そして、受験生の答えには、本音ばかりではなく、面接用の答えが含まれていることも承知している。つまり、「面接を受けるために、ボランティアのこと、大学入学後のことなど、いろいろ考えたことでしょう。どんなことを考えたのか話してください」という気持ちを込めて質問しているのだ。

「高校時代にいちばん印象に残ったことは何ですか」という質問に、「印象に残ったことなどない」というのは、あなたのウソ。「何が印象に残ったのか」「それをどう言葉にするか」を考えることを面倒くさがっている気持ちが表れてしまっているだけなのだ。

面接で「ウソをつく」必要がないように、面接で質問される項目について、一つずつ真剣に考えてほしい。

面接で、ウソはつきたくないんだけど……（Part2）

Why?
4

こう考えよう！

「サッカー部を高1の夏休み前にやめてしまったのは、先輩とケンカしたから。それを『勉強との両立が難しかったので』なんて言うのはイヤだな」「ゲームに思いっきりハマっているのに、それを『気分転換に少しやる程度です』なんて言いたくない」

Part1のように将来のことならともかく、過去や現在の事実に、ウソをつくことに抵抗を感じる受験生も多いようだ。

そんな人は、好きな人から何か質問された時のことを考えてみてほしい。好きな人に嫌われないように、できるだけ印象に残るように、いつもより「**かわいい私**」や「**かっこいい自分**」に見られるように、話したり行動したりすることがあ

るんじゃないかな。それを「ウソついてる」とは言わないでしょう？

　面接官に「サッカー部をずっと続けました」「ゲームはやりません」なんてウソをつく必要はない。でも、サッカー部をやめてしまった理由が先輩とのケンカだったり、ゲームにハマっていたりしたら、面接官をがっかりさせることになる。そこで『素直な自分・真面目な自分・前向きな自分』をアピールできるように、『事実を良い方向に少しだけ脚色する演出』が必要になってくるのだ。

　面接では、自己PRするだけでなく、面接官をがっかりさせないための配慮も重要なのだ。

Why? 5　本当に面接で合否判定ができるの？

こう考えよう！

　一般選抜では、ほとんどの大学が学力試験の結果を中心に合否判定を行う。試験科目は大学・学部・学科によって異なるが、志願者全員の学力が1点刻みで判明するので、求める学力レベルに達しているかどうかは一目瞭然。**不合格になった受験生は自分の「学力不足」を認めるしかない**。

　これに対し、**学校推薦型・総合型選抜では**、小論文・プレゼンテーション・面接（口頭試問）・実技・学力試験・資格試験や検定試験の成績など、**さまざまな方法で受験生を多面的に評価し、合否を判定する**。学力試験が実施されなくても、**小論文や実技が実施される場合**、学力試験ほど明確ではないにしろ、受験生の実力差が生じるので、不合格になった受験生も、『小論文の出来が悪かった』などと敗因を推測することができる。

　問題となるのは、面接結果を重視して合否を判定する大学の場合だ。特に学校推薦型選抜では、「評定平均値3.5以上」のように出願基準を設定している大学がほとんどなので、**出願者の学力レベルに大きな差はない**。にもかかわらず、面接時間もほとんどの大学が10分未満で、中には5分未満という大学もある。このため、受験生の中に、**「本当に面接で合否が決まるのか」「合格する面接対応と不合格になる面接対応があるのか」「短い時間で自分をアピールできるのか」**など、さまざまな疑問が生じているのが現状だろう。

　しかし結論から言えば、**面接だけでも十分に合否を判定できるのだ**。面接官は面接のプロ、短い時間でも受験生の性格、やる気、表現力、コミュニケーション能力、潜在能力など、さまざまな項目をチェックしているのだ。

面接は表現力がすべて？

こう考えよう！

　書店に並んでいる面接対策の本は、どれも面接対策として、「表現力を磨くこと」の重要性をあげている。確かに「**【合格する面接】＝【上手に話せる】＝【表現力がある】**」であることは事実だから、表現力をつけることはもちろん重要ポイントだ。

　しかし「**表現力を磨く**」以前に、受験生に求められているさまざまな能力がある。

　第一は、面接官の言葉を正しく聞き取る能力、つまり「**読解力**」。面接は面接官の問いかけから始まるのだから、この能力がなければどんなに表現力があっても、**あなたの答えは間違った方向に進んでいってしまうことになる。**

　第二は、**修正能力**。面接が始まってから、「もっと大きな声で話してください」「もっとゆっくり話してください」「もっと具体的に話してください」などの指示を受けた時、**面接官の要望に対応して話し方を変えられるかどうかも、重要なポイントである。**

　第三は、答えられない質問をされた時、面接官に対して、**①質問内容がわからない、②答えがわからない、③答えはわかるがどう表現していいのかわからない、のいずれの状態であるかを伝える能力。コミュニケーション能力**と言ってもいいし、**危機管理能力**と言ってもいいだろう。面接官は、あなたが答えやすいように、質問形式を変えてくれるかもしれない。

　面接の失敗を、「表現力不足」と認識してしまう受験生が多い。しかし実際には、「読解力不足」による**方向性の間違った答え**、「修正能力不足」による**独善的な答え**、「コミュニケーション能力不足」「危機管理能力不足」による**気まずい沈黙**などが、失敗の原因であることも少なくないのだ。

第2章

大学入試の『面接頻出質問50』

　志望する大学・学部・学科は違っても、質問される項目はかなり絞り込むことができる。それは、質問の目的が「受験生の能力・個性・適性・積極性などを見極める」という方向で一致しているから。面接官は、受験生との対話の中で、受験生の本質をキャッチしようとしているのだ。

　しかし、質問される項目が絞り込めるにもかかわらず、自分をアピールできない受験生が多いのも事実。失敗の原因は準備不足だけではない。

　この章では、頻出する質問項目をリストアップ。面接官のチェックポイントを示した上で、「合格する回答」と「残念な回答」を紹介。「なぜ合格するのか」「なぜ残念なのか」を解説した。まず一度、「合格する回答」を声に出して読んでみよう。

　「合格する回答」「ココがポイント」「アドバイス」「耳よりコラム」をヒントに、あなた自身を最大限にアピールできる回答を準備してほしい。

Q1 この大学を 選んだ理由は何ですか。

面接官は
ココを見る！

① 入学したいという強い意志が、感じられるか。
② この大学の特色を理解しているか。
③ この大学の、どこに魅力を感じたかを、伝えられるか。

ケース1 大学に魅力を感じている

自分が「気に入ったポイント」をアピール

合格する回答

自然に囲まれたきれいなキャンパスで、学生生活を送りたいと思ったからです。

いくつかの大学を見学しましたが、この大学のキャンパスが最高 でした。

オープンキャンパスで対応してくれた先輩の楽しそうな姿も印象的 でした。

このような環境で、 大好きな英語をしっかりと勉強したい と思いました。

残念 な回答 ── 面接官の印象に残らない ──

この大学の徹底した少人数教育に魅力を感じたからです。
「国際社会で活躍できる人材を養成する」という教育方針も素晴らしいと思います。
交通の便もよく、キャンパスが広いことも志望理由の一つです。

大学案内に書いてあることは、そのまましっかりと覚えられましたね。

ココがポイント

他の大学と比較した結果、この大学を志望校に選んだことをアピールしたい。

大学について自分が感じたことを、素直に伝えよう。

最後に、入学したいという強い意志を示せればベスト。

ランクアップ回答への アドバイス

◆まず、大学案内（パンフレット）をじっくりと読み、大学がアピールしているポイントの中から、自分も気に入っていることをピックアップしよう。
それを、自分の言葉で説明できるかどうかが鍵となる。

◆「クラブの先輩が進学したから」「兄も進学しているから」だけではアピールが足りない。
その先輩や兄が、その大学についてどのように感じているかを示し、自分も共感していることを伝えるのが大切。

◆オープンキャンパスや文化祭など、実際に目で見て感じた印象を伝えるのは効果的。
ただし、ライブや模擬店などのイベントが楽しかったことを伝えてもあまり意味がない。
模擬授業、学生の研究発表、案内役の学生の姿などの感想を具体的に話そう。

◆遠隔地などに住んでいて、入試で初めて大学を訪れるという人は、面接官にそのことをはっきりと伝え、大学について何を調べ、どのような情報を得たのかをアピールする方法もある。

Q1 この大学を選んだ理由は何ですか。

ケース2 先生や保護者に勧められた

自分も前向きに考えたことをアピール

合格 する回答

この大学の OBである父親から 勧められました。

この大学の伝統や、社会で活躍するOBの話を詳しく聞きました。

自分が勉強したい情報学部について ホームページなどで調べ、授業内容にも魅力を感じ、 志望校に決めました。

ココがポイント

誰になぜ勧められたのかを明確に示そう。
きっかけは他人からの勧めであってもかまわない。
自分が積極的に行動し、前向きになっていることが重要。

残念 な回答 ── 自主性が感じられない ──

高校の先生から、学校推薦型選抜を受けてみないかと勧められました。
高校の先輩も何人かこの大学に入学しているので、不安はありませんでした。
自宅からも近いので、自転車で通学できるのもラッキーだと思っています。

> この大学について、自分で考えたことはないのですか。

Q1 この大学を選んだ理由は何ですか。

について

その他のケース

中学生の頃からその大学にあこがれていた

「リベラルな校風」「全国的な知名度」「有名なOBを輩出」「箱根駅伝で活躍」など、大学のどんなところにあこがれていたのかを明確に示す。

その大学に、特色のある学部・学科がある

学部・学科の特色を理解し、説明できるようにしておくことが不可欠である。
また、他の大学には、そのような学部・学科がほとんどないことも確認しておく。

自分の適性を見極めてから学部・学科を選びたい

入学への意志の強さだけでなく、資格・免許の取得や就職への意志の強さも示す必要がある。
資格・免許取得や、就職に関する具体的なデータなども把握しておくことが望ましい。

Q₂ この学部・学科を 選んだ理由は何ですか。

面接官は
ココを見る！

❶この学部・学科に入学したいという強い意志が、感じられるか。
❷この学部・学科の「学び」の内容を理解しているか。
❸この学部・学科の「学び」を、将来、どのように生かそうとしているか。

ケース1 自分の将来像がはっきりしている

やりたい仕事との関連をアピール

合格する回答

将来は、銀行や証券会社 など、金融関係の仕事をしたいと考えているので、経営学部で、金融論や会計学 をしっかりと勉強しようと思いました。
できれば、証券アナリストの資格を取得したい と思っています。

残念 な回答 ── 積極性が感じられない ──

現在は、卒業後にどんな仕事をしたいのか決まっていませんが、将来、サラリーマンになろうと思った時、経営学部出身であることがプラスになると考えたからです。

確かに経営学部は、「つぶしがきく」という声もありますけど。

ココがポイント

業種や職種を示すと理解してもらいやすい。
具体的な企業名を挙げる必要はない。

関心のある「学び」を、講座名などでアピールしよう。

関連する資格があれば、その取得をめざしていることも伝えたい。

ランクアップ回答への アドバイス

◆免許・資格・就職と直結している、医歯薬系、看護・医療系、教員養成系、栄養・保育系などでは、「なぜ医師になりたいのですか」「なぜ先生になりたいのですか」のパターンで質問される。
また看護・医療系、栄養・保育系の場合は、短大・専門学校ではなく、4年制大学を志望する理由を問われる可能性がある。

◆芸術・デザイン系やスポーツ系では、その分野を究めたい気持ちをストレートに伝えればOK。

◆例えば心理学科志望で、「ユングの分析心理学を勉強したい」と答えるのはNGではないが、その大学にユングの研究をしている先生がいないのはマズイ。必ず調べておくこと。

◆「英語が好き」という理由だけでは、英文科・英語学科・国際学科など、あてはまる学科がたくさんある。
「英文学が読みたい」「英文法を学びたい」「英語を使って仕事をしたい」など、もう一歩踏み込んだ志望理由を用意しよう。

Q2 この学部・学科を選んだ理由は何ですか。

ケース2 自分の将来像がはっきりしていない

好きな科目を勉強したいことをアピール

合格する回答

私は日本史が大好きです。

特に 戦国時代から安土桃山時代に 興味があります。

史学科の日本近世史のゼミに入って、 もっと知識を深めたいと思っています。

史料の解読もできるようになりたいので、 古文書学もぜひ受講したい です。

ココがポイント

好きな科目を伝えるだけではインパクトがない。
特に学びたい分野・範囲などを伝えよう。
特色のある講座名などを踏まえて説明できればベスト。

残念な回答 ── 面接官に疑問を与えてしまう ──

NHKの大河ドラマ「麒麟がくる」を見て、明智光秀のファンになりました。
まだ知らないことも多いので、いろいろ調べたいと思っています。
日本で唯一明智光秀の肖像画を所蔵している、本徳寺にも行ってみたいと思います。

そんな気持ちが、4年間も継続するとは思えないけど……。

Q2　この学部・学科を選んだ理由は何ですか。

について

その他のケース

勉強したいことがピンポイントで決まっている

「太陽光発電の研究がしたいので電気工学科」「弁護士になりたいので法学部」など、やりたい研究や仕事が学部・学科の「学び」と一致していればOK。

大学卒業後の方向性が決まっている

「福祉の仕事がしたいので社会福祉学科」「父が経営する建設会社で働きたいので建築学科」など、将来の方向性と学部・学科の「学び」が一致していればOK。

自分の適性を見極めてから学部・学科を選びたい

1年間（または2年間）、幅広い分野の基礎知識を身につけてから、専攻を決定する学部・学科の場合には、このような答え方でもOK。

専門学校ではなく、大学を志望した理由は何ですか。

面接官はココを見る！

❶ 大学を志望する理由が明確か。
❷ 大学と専門学校の違いがわかっているか。
❸ 幅広い知識を身につけようという意欲があるか。

 する回答

理学療法士の資格を取得するという目的は同じですが、大学で、英語や一般教養的な授業も受けて、社会人として必要な知識をもっと身につけたいと思ったからです。

🦻 **耳よりコラム**

資格の取得を目的の一つに挙げる場合は、受験する大学にそのコースがあるかどうかを必ず確認しておこう。

残 念 な回答 ―― 主体性が感じられない ――

専門学校でも理学療法士の受験資格が取得できることは知っていましたが、友達に大学進学をする人が多く、自分も4年間の大学生活を満喫したいと思ったからです。

専門学校よりも長い期間遊んでいられると思ったわけですか……。

ココがポイント

専門学校の授業が、資格・免許の取得を目的とした専門性の高いものが中心であるのに対し、大学の授業は、それに加えて英語や一般教養などもあることを理解していることを示す。

自分の人間性を高めたいことがアピールできればベスト。

ランクアップ回答への アドバイス

◆この質問は、看護・医療技術系、栄養系、保育系など、専門学校と「学び」の内容が重複する学部・学科でよく質問される。

◆看護系志望者は、「大学で正看護師の受験資格を取得したかったから」のように答えてもよい。
ただし、「准看護師と正看護師の違いは？」という追加質問がある可能性が高いので、事前に調べておくこと。

◆「親に専門学校ではなく、大学進学を強く勧められたから」はOKだが、「大卒の方が、専門学校卒よりもいいと思ったから」では回答になっていない。面接官は「大卒のどんな点を『いいと思った』のか」を質問しているのだ。

これで好感度☆アップ！

大学で、専門的な知識だけでなく、幅広い教養も身につけたいことを示そう！

Q4 「地元の大学」を志望しなかった理由は何ですか。

面接官はココを見る！

❶「地元の大学」を志望しなかった理由が明確か。
❷地元を離れて大学生活を送る気持ちが固まっているか。
❸一人暮らしができるような人物か。

合格する回答

私は、他人に頼る気持ちが少し強く、積極性に欠けるところがあります。高校受験の際にも、どの高校を志望するかを両親に決めてもらいました。大学生になるこの機会に地元を離れて一人暮らしをすることで、 自分を変えたいと思ったから です。

🔊 耳よりコラム

「地元を離れて大学生活を送る」ことには、経済的な問題が関わってくるので、「保護者も賛成している」「保護者に勧められている」ことも伝えたい。

残念 な回答 ── 方向性が間違っている ──

東京での生活にあこがれていたからです。仲の良い友達も、東京の大学への入学を希望しています。二人でルームシェアして生活しようと思っています。

「大学」ではなく、「東京」にこだわりがあるわけですね。

ココがポイント

自分にとって、「地元を離れて大学生活を送る」ことの必要性をアピールしたい。

「自分の志望する学部・学科が、地元の大学にはなかった」でもOK。

「地元の大学より、もっとレベルの高い大学で学びたかった」もOK。

ランクアップ回答への アドバイス

◆「自分の志望する学部・学科が、地元の大学にはなかった」を理由にする際には、地元の大学に、自分の志望する学部・学科がないことをしっかり確認しておく。
◆「地元の大学より、もっとレベルの高い大学で学びたかった」を理由にする際には、地元の大学の悪口にならないように注意しよう。
◆「高校までの人間関係をリセットして、新たな生活を始めたいから」もOKだが、高校で友達がいなかった、高校でいじめを受けていた、などの誤解を受けないように注意。
◆「一人暮らしをする自信はありますか」と追加質問されることがある。→Q38も見よう!

頻出質問50

これで好感度☆アップ!

「一人暮らし」が、自分のレベルアップにもつながることをアピールしよう!

Q5 大学でやりたいことは何ですか。

面接官はココを見る!

❶ 大学生になった自分をイメージできているか。
❷ 充実した大学生活を送ろうとする意識があるか。
❸ 大学でやりたいことを実現するために、何をすべきかわかっているか。

 合格する回答

私は大学在学中に、できれば オーストラリアに長期間の海外留学をしたい と思います。

日本とは異なる文化や習慣を体験することが、自分の成長につながる と思うからです。

海外留学のために 英語力をアップするだけでなく、オーストラリアについての知識も増やしたい と思っています。

🔊 **耳よりコラム**

入学後に関する質問としては、「海外留学を希望しますか」「サークルに入る気はありますか」などもある。入学後の自分の姿を具体的にイメージしながら回答したい。

➡Q6も見よう!

残念 な回答 —— 具体例が示されていない ——

私は大学生になったら、いろいろなことに挑戦したいと思っています。クラブかサークルには必ず入りたいし、ボランティア活動もやってみたいです。

やる気は伝わってくるけど、実際には何もイメージできていないという印象だな。

ココがポイント

大学生活のマイナスになるもの（過度なアルバイト、不規則な生活になりやすい趣味など）はNG。

その実現が自分の能力の向上につながる点をアピールする。

実現に向けた課題を、具体的に意識していることは、大きなプラスポイントになる。

ランクアップ回答への アドバイス

◆この質問は志望動機（なぜこの学部・学科を志望したのか）とは別に質問されることが多いので、勉強以外のことで何がしたいのかを聞かれていると考えるとよいだろう。

◆クラブ・サークルへの所属の意志は、入学意志を示すことにもつながるので、その気持ちが強ければぜひ伝えたい。

◆「アルバイト」に関しては否定的な考えをもつ面接官も少なくないので、避けるべき。

◆「資格・免許」「ボランティア活動」という回答に対しては、「どのような」という追加質問をされるので具体的な答えを用意しておこう。

これで好感度☆アップ！

大学でやりたいことの実現に向けた課題を、具体的に意識していることを示そう！

Q6 大学入学後に、海外留学する希望はありますか。

面接官は
ココを見る!

❶ 海外留学について、どのような考えをもっているか。
❷ 海外留学を希望する場合、具体的なイメージをもっているか。
❸ 海外留学のために、どのような準備が必要だと思っているか。

合格する回答

はい、できれば 大学の海外留学プログラムを利用して ロンドンに留学し、伝統あるヨーロッパ文化を肌で感じたい と思っています。

留学前に、英語力を高め、イギリスに関する知識を増やします。

🎧 耳よりコラム

「留学前に英語力を高めたい」と答えた場合は、その具体的なプランまで追加質問されることがある。事前に準備しておこう。

残念 な回答 ── 面接官に疑問を与えてしまう ──

はい、ニューヨークに行きたいと思います。タイムズスクエアは私のあこがれの場所です。アルバイトでしっかりと貯金しなければと思っています。

「留学」と「観光旅行」は違いますよ。大丈夫ですか。

ココがポイント

受験する大学が、学生の海外留学の支援に積極的ならば、その支援を利用する意志を示したい。

留学先で「何を学びたいのか」「何を感じたいのか」を伝えることも重要。

ランクアップ回答への アドバイス

◆海外留学を希望しないことを伝えても、マイナスにはならない。
　ただし、「○○の資格を取ることを優先したいから」「クラブ活動に専念したいから」のように、希望しない理由を添えたい。
◆海外留学のために、お金が必要なのは確かだが、「アルバイト」は「勉強がおろそかになる」というイメージを与えてしまうので注意。
◆「海外留学で英語力を高めたい」だけでは、あまりに平凡で面接官にインパクトを与えられない。
　それ以外に、海外留学をしたい理由を付け加える必要がある。

これで好感度☆アップ！

海外留学に何を期待しているのか、何を学びたいのかを、自分の言葉で熱く語ろう！

Q7 女子大を志望する理由は何ですか。

合格 する回答

共学の大学のオープンキャンパスにも参加しましたが、女子大の <mark>静かで、落ち着いていて、清潔な雰囲気</mark> が気に入ったからです。

時代の激しい変化に敏感に対応できる、<mark>柔軟で力強い女性になる</mark> ことをめざしながら、女子力を高めていきたいと思います。

ココが ポイント

自分が感じた女子大のイメージをしっかりと伝えよう。
「女子力」の向上をめざしていることは、面接官へのPRにつながる。
「少人数制」「面倒見がよい」など、女子大の特性を自分の言葉で示すのもよい。

残念 な回答 ── 主体性が感じられない ──

母も姉もここの卒業生なので、共学の大学はまったく考えませんでした。性格的にも、男子がいない方が合っていると思います。母も姉も「いい大学」と言っているので、安心しています。

> 男子がいない方が合っている性格って、どういう性格なんでしょう。

アドバイス 「男子がいない方が自由にふるまえる」「女子だけの環境が好き」などの理由を強調しすぎるのは、控えた方がよい。大学卒業後の社会では、男女が協力し合うことが大切なのだから。

Q8 オープンキャンパスに参加しましたか。

合格する回答

7月のオープンキャンパスに 親と参加 しました。キャンパスを訪問するのは初めてだったのですが、想像していた以上に 広く、清潔な感じ だったのでうれしくなりました。オープンキャンパスのイベントでは、 化学の模擬授業 と吹奏楽部主催のコンサートが印象に残っています。

ココがポイント

親も参加した場合には、必ず面接官に伝えたい。
「親もその大学への入学に賛成している」というアピールになる。
キャンパスの印象と「学び」に関連するイベントの印象が伝えられればベスト。

残念な回答 — 方向性が間違っている —

高校の同級生に誘われて、文化祭に参加しました。大好きな漫才コンビのライブが見られたので興奮しました。模擬店の焼きそばが意外とおいしかったのでびっくりしました。

> 「笑い」と「食欲」が満たされたことはわかったけど、大学の印象は?

アドバイス 学生が楽しそうにしていたことや、高校時代の先輩に会えたことなどを示し、「学生の満足度が高そうだったこと＝だから自分もこの大学の学生になりたい」ことをアピールするのもよい。

Q.9 どのような職業が、あなたには向いていると思っていますか。

面接官はココを見る！

❶ 自分の適性を、どのくらい理解しているか。
❷ どのような職業が、自分の適性を生かせるのかを考えているか。
❸ 自分の将来のために、具体的な行動を起こそうとしているか。

合格する回答

具体的な職業はまだイメージできていませんが、得意な英語を生かせる仕事、他人との接触が多い職業が向いていると思います。
そのために、大学入学後は、英語力とコミュニケーション能力をもっと高める努力をするつもりです。

🎧 **耳よりコラム**

医歯薬系統、看護・医療技術系統、教育系統の学部・学科では、「どんな先生（医師・看護師）になりたいですか」という形で質問されることが多いので、準備をしておこう。

残念 な回答 ── 主体性が感じられない ──

私はのんびりしたところがあるので、サラリーマンには向いていないと思います。だから、地元で親が経営している飲食店で働きたいと思います。

消去法で自分の将来を決めてしまうのは、ちょっと寂しいですね。

ココ が ポイント

具体的な職業が挙げられなくてもかまわない。
ただし、自分のやりたい仕事への方向性は示したい。

その実現のため、どんな努力をするつもりなのかをアピールしよう。

ランクアップ回答への アドバイス

◆「堅実な職業」「派手な仕事」では、面接官に伝わるものがない。
　できれば、公務員・芸能関係のように、具体的な方向性を伝えたい。
◆「海外で働きたい」「地元で働きたい」のように働く場所を示したり、「絶対に起業したい」「必ずお店を開きたい」のように希望を示したりするのもOK。
◆例えば、親のやっている仕事（お店・会社など）を引き継ぎたい場合も、「その仕事を頑張っている親の姿が好き」「その仕事を、自分なりに工夫してもっと発展させたい」などの気持ちを伝えれば、【残念な回答】ではなくなる。

これで好感度☆アップ！

やってみたい仕事が、自分のキャラに合っていることが伝えられればベスト！

Q 10 将来の夢を教えてください。

面接官は
ココを見る!

❶ 5年後・10年後の自分をイメージできているか。
❷ 夢の実現のために、何が必要かを理解しているか。
❸ 夢の実現に向けて、何かアクションを起こそうと
しているか。

合格 する回答

スポーツに関連する仕事をしたい と
思っています。
大学では、スポーツビジネスについ
ての知識を増やしながら、どのような
仕事が自分に向いているのかを探し
ていきたい と思います。

🎧 耳よりコラム

面接で話す将来像と、事前に提出したエントリーシートとで矛盾が生じないよう、面接
前に一度確認しておきたい。

残念な回答 ── 具体例が示されていない ──

大企業に入社し、バリバリ働いて、いっぱいお金を稼ぎたいです。独立して、自分で会社を経営するのもいいと思います。周囲から「成功した人物」と見られるようになりたいです。

景気がよかった頃には、あなたみたいな人が大勢いましたけど……。

ココがポイント

面接官は、大学卒業後の進路に関する答えを想定している。
大学での「学び」と関連づけながら方向性を示そう。

実現が難しいような「大きな夢」を熱く語ることを求められているのではない。

ランクアップ回答への　アドバイス

◆「戦争のない世界の実現」や「自由平等な社会の実現」などは、壮大な「人類の夢」で、「あなたの将来の夢」としては不適切。

◆医歯薬系・看護医療系・教員養成系など、免許・資格・職業との関連が強い学部系統を志願する人は、「薬剤師になることです」「教員になることです」と示してから、「なぜなりたいのか」「どんな努力をしていくのか」を説明する。

◆5年後・10年後には社会人として生活していることが一般的なので、「どのような仕事をしたいか」という質問と、答えの方向性は一致してよい。 →Q11も見よう！

これで好感度☆アップ！

恥ずかしがるのはNG。
「堂々と」「真面目に」夢を語ることがポイント。

Q.11 将来、どんな仕事を したいと思っていますか。

面接官は
ココを見る！

❶ 社会人としての自分をイメージできているか。
❷ その仕事に就くために、何が必要かを理解しているか。
❸ その仕事に就くために、何かアクションを起こそうとしているか。

合格する回答

父が公務員なので、現在は公務員をめざしています。この学部を志望したのも、その気持ちが強かったからです。

ただし、自分が本当に公務員に向いているのかどうか、大学で勉強しながらじっくり考える必要があると思っています。

🦻 耳よりコラム

「海外で活躍できる仕事」「自分で会社を立ち上げる」のように答える場合には、「具体的には？」「どのような関係の？」などの追加質問への回答も用意しておく。

残念な回答 — 具体例が示されていない —

現在は、特にやりたい仕事はありません。親からは、安定した職業が良いと言われているので、知名度のある企業に就職できればと思っています。

就職がいちばん決まらないパターンなので心配です。

ココがポイント

やりたい仕事がある場合には、それを明確に示す。
志望学部と関連する場合には、そのことをはっきりと伝えたい。

「仕事選び」に真剣に取り組もうという姿勢を示せればベスト。

ランクアップ回答への **アドバイス**

◆医歯薬系・看護医療系・教員養成系などでは、この質問をされることはほとんどない。（もし質問されても、無関係な仕事を挙げることは避ける）

◆面接官は、「なぜその仕事がしたいのか」も知りたがっているので、その仕事がしたい理由を一緒に説明する必要がある。

◆やりたい仕事が決まっていない場合には、「人と話すのが好きなので、接客や営業の仕事」「絵を描くのが好きなので、デザインの仕事」のように、方向性を伝える。
できればその仕事をしたい理由も付け加える。

これで好感度☆アップ！

社会に出て働くこと、社会人になることに、前向きであることを前提に話そう！

Q12 取得したい資格・免許はありますか。

面接官は
ココを見る！

❶ どのような資格・免許に興味をもっているか。
❷ 取得した資格・免許を、何に役立てたいのか。
❸ 資格・免許の取得のために、何をすればいいか理解しているか。

合格する回答

現在、漢字検定準2級なので、漢字検定1級を取得したいと思います。漢字が正しく書け、正しく読めるようになりたいという気持ちが強い からです。日頃から、手書きで文章を書き、漢和辞典を使うこと を心がけています。

耳よりコラム

教員免許（教員養成系学部）や薬剤師（薬学部薬学科）のように、志望する学部・学科のほとんどの学生が取得をめざす資格・免許を挙げる必要はない。

春休みに、自動車の免許を取得しないかと友人から誘われています。また、就職の際に有利になると聞いたので、英検２級を取得したいと思っています。

自分をスキルアップさせようという気持ちが感じられません。

ココがポイント

単純に取得したい資格・免許を伝えるだけでなく、なぜその資格・免許を取得したいのかを伝えよう。

資格・免許取得のために、何を心がけているかをアピールしたい。

ランクアップ回答への　アドバイス

◆自動車免許やオートバイ免許の取得は、「両親が経営しているお店の配達の手伝いをするのにどうしても必要なので」などのように、必要不可欠な場合以外は、避けた方がよい。

◆「江戸文化歴史検定」「野球知識検定」「キッチンスペシャリスト」など、自分の趣味・関心が伝えられるユニークなものでもOK。

◆「特にありません」は絶対にNG。自分のやる気や人間としての幅の広さを、なんとかして面接官に伝えよう。

頻出質問50

これで好感度☆アップ！

自分のスキルアップやレベルアップに、積極的に取り組もうという姿勢が大切！

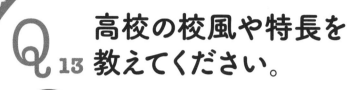

Q13 高校の校風や特長を教えてください。

❶ 在籍する高校の校風をどのように感じているか。
❷ 在籍する高校の特長を理解しているか。
❸ 在籍する高校の校風・特長を具体的に説明できるか。

合格する回答

私の高校は、「生徒の自主性を重んじる」が教育目標なので、厳しい校則もなく、自由で明るいことが特長だと思います。

文化祭や体育祭などでは、企画・準備・運営をすべて生徒が行うのが伝統になっています。

耳よりコラム

大学の「建学の精神」や「教育理念」、志望する学部・学科の「アドミッションポリシー」なども、大学案内（パンフレット）を通じて、必ず理解しておく必要がある。

残念 な回答 ── 方向性が間違っている ──

1学年は10クラスで、高校全体の生徒数は1,200人以上でした。クラブ活動が盛んで、サッカー部とバスケ部は全国大会にも出場しました。駅から少し遠いのですが、スクールバスがあり、不便だとは思いませんでした。

学校紹介をしてほしいわけではなかったんですが。

ココがポイント

高校の「建学の精神」や「教育目標」を伝え、それを踏まえて校風や特長を示すと面接官に理解してもらいやすい。

校風や特長がよく現れている具体例を示そう。

ランクアップ回答への アドバイス

◆高校の「建学の精神」や「教育目標」などを知っていることから、大学の「建学の精神」や「教育理念」も知っていることを推測してもらえる。

◆「クラブ活動が盛ん」「ボランティア活動に熱心」なことを紹介する時には、自分も積極的に活動していたことも一緒に伝えたい。

◆在籍する高校の自慢（＝在籍する高校が好き）になってもかまわない。
ただし、他の高校の悪口はもちろんNG。

◆高校の創立年度や、創立者の名前、創立の由来などを質問されることもある。
高校のパンフレットなどで確認しておこう。

頻出質問50

これで好感度☆アップ！

「在籍する高校が好き」を基本姿勢に、好きだと感じていることをPRしよう！

Q14 高校では、クラブ活動をしていましたか。

面接官はココを見る！

❶ クラブ活動で、積極性・協調性・忍耐力などが身についたか。

❷ クラブ活動で、先輩・後輩との接し方は身についたか。

❸ 大学でも、積極的にクラブ活動に参加しようとしているか。

合格する回答

サッカー部に入部しましたが、高1の6月で退部しました。通学に片道2時間近くかかるので、体力的に限界だったからです。

大学では、フットサルのサークルに入りたいと思っています。

🎧 **耳よりコラム**

クラブ活動を積極的に行っていた場合には、大会で良い成績を残せた、厳しい練習でレギュラーになった、かけがえのない友達ができた、先輩と親しく接することができるようになったなど、クラブ活動で得られたことを短くまとめて話そう。

残念 な回答 ── 面接官の印象に残らない ──

中学時代はテニス部だったのですが、高校では、先輩に熱心に勧誘されたのがきっかけで、バドミントン部に入りました。大学でどのクラブに入るかは、これから考えたいと思います。

せっかくクラブ活動をしていたんだから、その時の体験も少し話してほしかったな。

ココがポイント

クラブ活動を途中でやめてしまった場合には、その理由をはっきりと伝える。
正当な理由であれば、マイナスポイントになることはない。

大学入学後に、クラブやサークルに入る意志があるかどうかも、できるだけ伝えたい。
その意志がないことを伝えた場合は、その理由を追加質問される可能性が高いことを心得ておこう。

ランクアップ回答への アドバイス

◆クラブ活動をやめてしまった理由として、「練習が厳しくて」「先輩が横暴で」などは、忍耐力や協調性が不足している印象を与えるので避ける。

◆クラブ活動をしなかった理由としては、「ラグビーをやりたかったが、ラグビー部がなかった」「ギリギリの成績で高校に入学できたので、勉強と両立させる自信がなかった」などでもかまわない。

◆「帰宅部です」という表現はNG。面接官にやる気のない印象を与えてしまう。

頻出質問50

これで好感度☆アップ!

「楽しかった」を伝えるだけでは物足りない。「何が得られたか」を伝える工夫をしよう!

Q 15 高校生活で、いちばんうれしかったことは何ですか。

❶ 充実した高校生活を送ってきたか。
❷ いろいろな体験から、何かを学び取ろうとしているか。
❸ 自分の体験を、要領よく端的に表現できるか。

合格する回答

高2の時に、クラスマッチで優勝したことです。

スポーツが得意ではない自分がサッカーのゴールキーパーを任されて、クラスの役に立てたこと、そしてクラスメートから感謝されたことに感激しました。

 耳よりコラム

「『うれしかった』ことを伝えようとする気持ちが強くなりすぎて、出来事の詳細の説明に時間をかけすぎてしまった」という失敗談が多い。話しているうちに感情が高ぶってしまいやすい人は要注意。

残念 な回答 ── 方向性が間違っている ──

修学旅行で韓国に行ったことです。初めての海外旅行だったので、とても興奮しました。それからは、韓流スターや K-POP を身近に感じるようになりました。

高校生でなければ味わえない体験ではないと思うけれど……。

ココがポイント

最初に「何がうれしかったのか」を明確に示す。
この場合、試合の詳細を伝える必要はない。

「なぜうれしかったのか」を伝えることが不可欠。

ランクアップ回答への アドバイス

◆体育祭・文化祭・クラスマッチ・修学旅行などを選ぶ人が多いが、そのこと自体には問題はない。
「なぜうれしかったのか」を付け加えられるかどうかがポイントになる。

◆「高校生活で」という質問なので、高校生活に無関係なことはできれば避けたい。
ただし、自分の趣味や特技が、なんらかの形で結果を出せた、というような回答はOK。

◆「いちばんつらかったことは何ですか」
「いちばん印象に残っていることは何ですか」という質問にも、同じように対応したい。
事前に、わかりやすく短い時間で伝えられる練習をしておくことが大切。

これで好感度☆アップ！

「何がうれしかったのか」は簡潔に。
「なぜうれしかったのか」を回答の中心に！

Q16 高校生活で、いちばん力を入れたことは何ですか。

面接官はココを見る!

❶ 何を目標として高校生活を過ごしてきたか。
❷ 目標達成のために、どのような努力や工夫をしてきたか。
❸ なぜ、そのことを目標としたのか、うまく表現できるか。

合格する回答

部活動です。最初は、上手になりたい、レギュラーになりたいという思いで、練習を続けました。
途中から、チームが強くなるためにはどうすればいいかを考えて練習するようになりました。
レギュラーにはなれませんでしたが、素晴らしいチームの一員だったことを誇りに思っています。

🦻 耳よりコラム

「友達をたくさん作ること」「ボランティア活動をすること」などと答える場合は、具体的にどんなことをしたのかを説明する必要がある。

残念 な回答 ── 面接官をがっかりさせてしまう ──

親に迷惑をかけないように、毎朝、自分で起きることを心がけました。自分が行きたかった高校なので、ちょっと遠かったのですが、絶対に遅刻はしませんでした。それから、雨の日も、飼っている犬の散歩は絶対にするようにしました。

どれも大切だとは思うけど、「目標」としては小さくないですか。

ココがポイント

目標に向かっている時の気持ちも伝えたい。
この場合、練習内容などを細かく伝える必要はない。

ランクアップ回答への アドバイス

◆クラブ活動を挙げる人が多いと思うが、クラブや自分の結果を示すだけでは、面接官の印象に残らない。
クラブ活動を通じて感じたことや味わったことを示したい。

◆受験生なので、「一生懸命受験勉強をしました」では、アピールにならない。
英語検定・英会話・漢字検定など、具体的な目標とその成果も付け加えたい。

◆「アルバイトをしてお金をためること」「週末は、父と大好きな釣りに出かけること」などは、たとえ事実だとしても、方向性が間違っているのでNG。

自分が送ってきた高校生活に対する心境を具体的に示せればベスト。

これで好感度☆アップ！

「何に力を入れたのか」よりも「なぜ力を入れたのか」が主題であることを忘れずに!

Q17 印象に残っている先生について、教えてください。

面接官はココを見る！

❶ 先生としっかりコミュニケーションが取れているか。
❷ その先生への感謝の気持ちが感じられるか。
❸ その先生がなぜ印象に残っているのかを表現できるか。

合格する回答

クラブの顧問の○○先生です。

練習中はとても厳しいのですが、それ以外の時には面白くて、そのギャップに私たちは安心できたのだと感じています。

クラブを引退してからも、成績のことや進路のことで相談に乗っていただき、感謝しています。

🦻 **耳よりコラム**

教員養成・教育系統や保育系統で、この質問をされた場合には、あなたが「理想とする教師(先生)」の姿と関連づけて話すのが効果的。先生を志望するきっかけとなったことなども盛り込みたい。

残念 な回答 ── 面接官の印象に残らない ──

高校には、授業が面白い先生がたくさんいらっしゃいました。数学の○○先生、日本史の△△先生、古文の××先生などです。中でも、私は日本史の△△先生の授業が大好きでした。

先生とあなたとのコミュニケーションを知りたかったのですが……。

ココがポイント

なぜ印象に残っているのかを、できるだけ具体的に示そう。
先生のエピソードなどを話す時には、簡潔にまとめることを心がける。

ランクアップ回答への アドバイス

◆高校の先生に限定する必要はない。
◆「授業が面白い」は、誰もが感じることなので、インパクトが弱い。
　あなたの印象に残った理由をわかりやすく伝えたい。
◆成績や進路のことなどで、あなたが個人的にお世話になった先生や、クラブで指導を受けた先生、厳しく注意してくださった先生などをイメージしてみよう。
◆先生の「忘れられない言葉」があれば、ぜひ紹介したい。

感謝の言葉を添えるのも忘れないように。

これで好感度☆アップ！

先生といろいろな形でコミュニケーションを取れる生徒であることが伝わるように！

高校で、欠席や遅刻が多い理由を教えてください。

合格する回答

高1の時、クラブの練習中に右足を骨折してしまい、2週間入院していました。退院後もしばらくは通院しなければならなかったので、遅刻も多くなりました。ケガは完治したので、高2以降は、風邪で欠席が3日あるだけです。

ココがポイント

ケガや病気で欠席・遅刻が多かった場合は、それをはっきりと伝える。
ケガや病気が完治している場合は、それもしっかりと伝える。
完治していない場合は、大学入学以降には、大学生活に支障がないことを必ず伝える。

残念な回答 ── 面接官に疑問を与えてしまう ──

欠席の理由は、ほとんどが風邪です。高熱を出しやすい体質なんです。遅刻の理由は、雨の日は、駅までの道路が渋滞し、バスが遅れることが多いからです。晴れた日は、遅刻していないと思います。

雨の日は、1本早いバスに乗ればいいんじゃないの?

アドバイス 高校からの調査書に示された欠席・遅刻の状況と、自分が把握している欠席・遅刻の状況が食い違っていると、面接官に悪い印象を与える。通知表でしっかり確認しておくこと。

Q19 アルバイトの経験はありますか。

合格する回答

高2の夏休みに、友人に頼まれて、その友人の父親が経営する会社で、パソコンへのデータ入力作業をしたことがあります。

自分は 他人に比べ、一つの作業を継続する力があること に気がつきました。

ココがポイント

アルバイトの理由が、「お金が欲しかったから」である場合は、「何のためにお金が必要だったのか」という追加質問がある可能性が高いので、用意しておく。
アルバイトが何かの発見につながったことを伝えたい。

残念な回答 —— 面接官をがっかりさせてしまう ——

高2の夏休みに、喫茶店でアルバイトをしたことがあります。時給は1000円で、1日6時間。約12万円稼ぎました。店長から、「大学が決まったらまた働いて」と言われています。

大学に合格しても、勉強する暇はないということですね。

アドバイス 「大学入学後には、アルバイトをするつもりですか」という追加質問も考えられる。「クラブに専念するのでやらないつもりです」「塾の講師をやる予定です」など、自分なりの回答も用意しておこう。

Q20 あなたの趣味は何ですか。

面接官は
ココを見る！

❶ 好きなものへの（良い意味での）こだわりをもっているか。

❷ その趣味が、本人にとってプラスに作用しているか。

❸ 高校の調査書や志願票などではわからない、意外な一面があるか。

合格する回答

私の趣味は、テレビで漫才やコントの番組を見ることです。

特に 若手芸人が、これまでにない「ボケ」や「笑い」を試みているのを見るのが大好き です。

気に入った「ボケ」や「笑い」は、仲間との会話にも使ったり しています。

🎧 耳よりコラム

「趣味がゲーム」は、「ゲーム以外には興味がない＝勉強する時間が少ない」「ゲームばかりしている＝友達が少ない、社交的でない」などの印象を与える危険性が高いので、できるだけ避ける。

残念 な回答 ― 方向性が間違っている ―

私の趣味は、映画鑑賞です。月1回は映画館に行っていると思います。最も好きなのは「スター・ウォーズ」シリーズです。たくさんのスピンオフ作品も含め、どれも傑作だと思います。

残念ながら、途中から映画のPRになっちゃいましたね。

コ コ が ポ イ ン ト

毎日の生活の中で、趣味とどのように接しているかを伝えたい。同じ趣味をもつ人が多いような場合には、オリジナリティーを示したい。

自分の日常にプラスになっていることを表現できれば最高。

ランクアップ回答への アドバイス

◆恥ずかしがることなく、熱い思いを伝えよう。
「趣味は特にありません」は、絶対にNG。
◆「なぜその趣味にはまったのか」「その趣味の素晴らしい点は何か」を語る時、自己満足の演説にならないように注意。
◆趣味がいくつもある場合には、できるだけユニークなものを紹介するのがよい。話を聞いている面接官が楽しくなるような紹介の仕方を考えよう。
◆面接会場で披露できるような趣味(歌・ダンス・マジックなど)は、実際に行うことになる可能性もある。その準備もしておけば万全だ。

これで好感度☆アップ!

「その趣味が自分を幸せにしてくれる」という気持ちを全開にして、好印象をGETしよう!

あなたの特技は何ですか。

**面接官は
ココを見る！**

❶ どのようなことが他人よりも優れていると認識しているか。

❷ その特技がなぜ身についたのか、どのように身につけたかを説明できるか。

❸ その特技を日常の生活にどのように生かしているか。

合格 する回答

私の特技は、掃除や整理整頓です。

母がきれい好きだったことが影響していると思います。

掃除や整理整頓をする時には、どうすれば短時間で効率よくできるかを自然に考えています。

クラスでも、片付けや作業を始める時には、みんなが私を頼ってくれます。

🔊 耳よりコラム

特技を生かした経験談などは、説明するのに時間がかかってしまうことが多い。「1分以内」「30秒以内」などと、制限時間を設定して練習しておこう。自分の言いたいことを簡潔にまとめられるかどうかが、合否を左右するポイントになることを忘れずに。

残念 な回答 — 面接官の印象に残らない —

私の特技は、カラオケです。音域も広いし、ハモリも上手だと友達から褒められます。最近はラップ系の洋楽にハマっています。

「カラオケで、友達の意外な一面がわかった」とか、そんな話も聞きたかったですね。

ココがポイント

その特技が身についた理由も、できれば具体的に伝えよう。

その特技を磨くための努力や、その特技を生かした経験談も、大きなポイントになる。

その特技によってどのようなプラスがあるかを伝えられればベスト。

ランクアップ回答への アドバイス

◆趣味はあるけれど、特技が見つからない、という人が多いかもしれない。
しかし、「特技はありません」と答えるのはできるだけ避けたい。
◆「歩くのが早い」「どこでも熟睡できる」「失敗を引きずらない」など、日常的な癖や性格的な特徴を特技として紹介することもできる。
◆趣味と同じように、面接会場で「では、やってみてください」と言われる可能性もある。
ウソや背伸びは禁物だ。

これで好感度☆アップ！

「特技がある」＝「自分に自信がある」という印象を与えることを意識しよう。

Q22 あなたの長所・短所は何ですか。

面接官はココを見る!

❶ 自分の長所・短所を正確に把握しているか。

❷ 長所を自慢することなく、短所を恥ずかしがることなく、伝えられるか。

❸ 長所を生かす工夫、短所を直す努力をしているか。

合格する回答

私の長所は、自分ではあまり感じないのですが、友達からは大胆なところだとよく言われます。

短所は、少し気が短いところです。友達と話をしていても、友達の話の途中で割り込んでしまうことがよくあるので、反省しています。

耳よりコラム

例えば、「話し好き」と言えば長所だが、「おしゃべり」と言えば短所になる。どう伝えるかは自由。「話し好きなのを生かして交友関係を広げたい」「おしゃべりを直すため、相手の話を聞くことを心がけている」など、どうしたいのかをはっきりさせる答えを用意しよう。

残念 な回答 ── 方向性が間違っている ──

私の長所は、ギターが弾けることです。文化祭でも、バンドを組んで演奏しました。短所は、足が遅いことです。短距離も長距離も苦手です。

性格的なことを答えてほしかったんだけど。

ココがポイント

長所は、自分のPRポイントなので、面接官に積極的に伝えたいところだが、自慢にならないように注意。自分の発言に客観性をもたせる方法もある。

短所は、自分がしっかり把握していることを示すため、はっきり伝えるとよい。

「長所をどんなことに生かしたいですか」、「短所を直すためにどんな努力をしていますか」などの追加質問されることが多い。その答えも用意しておくことが大切。

ランクアップ回答への アドバイス

◆長所がない人間、短所がない人間などいないので、「ありません」「わかりません」は絶対にNG。
◆長所を踏まえた成功談、短所に基づく失敗談を求められるケースもある。
どのように成功したのか、どうして失敗したのかを、短時間で具体的に話す練習をしておくとよい。
◆長所や成功談を話すときには、絶対に自慢げに話さないこと。
逆に短所や失敗談を話すときには、暗くならないように注意。

これで好感度☆アップ！

短所があるのは当たり前。恥ずかしがる必要もないし、隠そうとする必要もない。

Q 23 自己PRをお願いします。

面接官はココを見る!

❶ 自分をどのように自己分析しているか。
❷ 自己PRとして取り上げたことが適切か。
❸ アピールしたいことを、うまく表現できるか。

合格 する回答

PRしたいことは2つあります。

1つは粘り強い性格です。 クラブの練習でも受験勉強でも、他の人よりも長時間継続することができます。

もう1つは、高2の時に 英検の資格を 取得 したことです。

現在準2級なので、2級をめざして勉強しています。

 耳よりコラム

「自分のどんなところが好きですか」「あなたはどんな人間ですか」という形で問われることもあるが、同じように答えればよい。

残念 な回答 ── 具体例が示されていない ──

リーダーシップがあるところとコミュニケーション能力があるところです。友達が多いこと、誰とでもすぐに友達になれることも自慢です。他の人より集中力もあるし、持続力もあるのではないかと思っています。

> たくさん挙げてくれましたが、よくイメージできません。

ココがポイント

裏付けとなる具体例を挙げると面接官に納得してもらえる。

長所は性格に関することに限定されるが、PRは、資格・趣味・特技に関することでもOK。

PRなのだから、自信をもって話すことが求められる。

ランクアップ回答への アドバイス

◆PRすることを、2つは用意しておこう。資格・趣味・特技がなければ、性格的なことを2つでもかまわない。

◆思い浮かばない場合には、「足が速い」「声が大きい」「体力には自信がある」などでももちろんOK。
ただし、どのくらい「速い・大きい・自信がある」のかを示すことを忘れずに。

◆自己PRする時には、「そんな自分が好きだ」という気持ちで話そう。
面接官に伝わる印象も変わってくる。

これで好感度☆アップ！

自分を「商品」に見立てて、面接官に売り込む気持ちで臨もう！

よく聞かれる度 ★ ★

Q24 得意科目は何ですか。

 合格する回答

日本史、特に幕末から明治時代 が得意です。

父が歴史好きだったことと、高校の日本史の先生が面白かったこと が影響していると思います。

大学入学後も 歴史小説などを読み続けて、知識がサビないようにしたい と思います。

ココがポイント

特に好きな分野や、好きになった理由を、はっきりと伝えよう。
得意であることをキープする工夫を伝えられればベスト。

残念な回答 ── 具体例が示されていない ──

数学と物理が得意です。小学生の時から、算数と理科は得意でした。中学でも高校でも、成績はいつも4か5でした。大学生になったら、学習塾で数学と物理を教えたいと思っています。

数学と物理の成績が良いことは、調査書を見ればわかります。

アドバイス やる気がないように思われるので、「得意科目はありません」は絶対にNG。どうしても挙げられなければ、「得意科目とは言えませんが、好きな科目は国語です」のように回答し、好きな理由を説明していこう。

Q 25 苦手な科目は何ですか。

合格 する回答

苦手な科目は英語です。 文法的な知識が不足している ことを自覚しています。 中1・中2の時にサボってしまい、出遅れたのが原因 です。

大学だけでなく、社会人になっても英語が不可欠なことはわかっているので、大学合格が決まってからも、英会話教室には通い続ける つもりです。

ココがポイント
苦手な分野や、苦手になった理由を示す。
苦手克服のための努力や工夫は、できるだけ付け加えたい。

残念 な回答 ── 面接官に疑問を与えてしまう ──

苦手な科目は英語です。 英単語を覚えるのに時間がかかります。 中1の英語の先生が最悪だったのが根本的な原因です。 大学では、英語の単位を落とさないように、頑張りたいと思います。

> 中1の時のクラス全員が英語が苦手になったわけではないでしょう?

アドバイス 「体育が苦手です」→「太っているからです」→「これから頑張ってダイエットします」のような、ユーモラスな回答もOK。

Q 26 英語は好きですか。

合格 する回答

英語はあまり得意ではありませんが、勉強するのは好きです。

電車の中で、外国人観光客の会話の内容がちょっとでもわかるとうれしくなります。

恥ずかしがらずに、英語で話す機会を増やしたいと思います。

ココがポイント

得意でなくてもよい（好きでなくてもよい）。嫌いではないことを確実に伝えたい。
英語に関する関心が高いことをアピールしよう。
英語のスキルアップを望んでいるという姿勢を示したい。

残念 な回答 ── 積極性が感じられない ──

苦手ではありませんが、特に好きではありません。
実生活で英会話をしたことがないので、英語の重要性がイメージできていません。

学内の留学生と上手にコミュニケーションが取れるかな。

アドバイス この質問は、多くの大学が目標とする「国際人の育成」についての理解度の確認も兼ねている。「英語は好きではない」という姿勢を見せると、「大学の教育理念を理解していない」と判断されてしまうので注意。

Q27 何か習い事はしてきましたか。

合格 する回答

高校に入学する前まで、書道とピアノを習っていました。
字がきれいなことと、長時間正座できるのは、書道のおかげです。
文化祭では、ロックバンドのキーボードを担当しました。

ココがポイント

何を、いつまで習っていたのか（現在も習っているのか）を明確に伝える。
その習い事の成果や影響を具体的に示す。
経験した習い事をすべて話す必要はない。

残念 な回答 ── 面接官に疑問を与えてしまう ──

幼稚園の頃は、体操教室・スイミングスクールに通っていました。小学生の時は英会話教室、中学生の時は空手教室に通いました。パソコン教室に通ったこともあります。

どれも長続きしなかったみたいですね。

アドバイス 面接官に、「一つの習い事を継続した」「その習い事が楽しかった」「その習い事が役に立っている」といった印象を与えることが大切。

あなたの好きな言葉は
Q28 何ですか。

合格 する回答

私の好きな言葉は、「練習はウソをつかない」です。

バスケットボール部の顧問の先生がいつも口にされていた言葉 です。

練習中や試合中だけでなく、頑張らなければならない時には、自然とこの言葉が心の中に浮かぶようになりました。

ココがポイント

消極的な言葉や反社会的な言葉でなければ、合否判定には影響しない。
なぜその言葉が好きになったのかを、短く説明すると効果的。
その言葉にどのような影響を受けたかを伝えられるかどうかが重要。

残念 な回答 ── 面接官の印象に残らない ──

私の好きな言葉は「自由」です。この言葉を口にしていると、自然と楽しい気分になるからです。「リラックス」「リフレッシュ」などの言葉も好きです。

> 誰もが好きそうな言葉を並べても、あなたらしさは感じられないな。

 「友情」「努力」「創造」などの熟語で答えても、「明るい性格は財産よりも尊い」「消極的に成功するより積極的に失敗せよ」といった格言・ことわざを答えてもかまわない。

Q29 尊敬する人物は誰ですか。

合格する回答

尊敬する人物は、精密な日本地図を作成した伊能忠敬です。テレビのドキュメンタリー番組で、50歳を過ぎてから17年をかけて日本全国を測量したことを知り、とても感動しました。

ココがポイント

尊敬する人物が誰であるかは問題ではない。なぜ尊敬しているのかを伝えられるかどうかがポイント。
尊敬する人物に関する小ネタを付け加えるのも有効だ。

残念な回答 ── 方向性が間違っている ──

ダウンタウンの松本人志さんです。バラエティー番組のMCで、彼が見せるボケは、まさに天才的なので大好きです。

「尊敬する人」というより、「好きな芸能人」という感じですね。

アドバイス この質問を、「受験生をリラックスさせるための質問（＝評価の対象にならない質問）」ととらえる人もいるが、大きな間違い。面接官は「尊敬する理由」がしっかりと話せるかどうかに注目しているのだ。

よく聞かれる度 ★★

Q30 インターネット動画を どの程度利用しますか。

面接官は
ココを見る！

❶ 動画の著作権を理解しているか。
❷ どのような動画を利用しているか。
❸ テレビとインターネット動画の関係を理解できて
　 いるか。

合格 する回答

自分の部屋にテレビがないので、ス
マートフォンで YouTubeの野球や将
棋の動画をよく見ます。
個人情報が漏れるといけないので、
自分で動画をアップロードしたことは
ありません。

 耳よりコラム

テレビとインターネット動画との関連性を尋ねられた場合、「現在はテレビからインター
ネット動画に徐々に移行しつつある過渡期である」「若年層には、テレビよりもインター
ネット動画のほうが浸透している」などと回答するとよい。

残　念 な回答 ── 面接官をがっかりさせてしまう ──

YouTube でゲーム実況の動画をよく見ます。将来の夢は YouTuber になることです。

> 大学に入学して何をしたいの。

ココがポイント

何をどのくらい見るのかを、まず明確に示す。
「Netflixで映画をよく見る」
「Spotifyで音楽をよく聞く」など、自分の具体的な行動を答えたい。

ネットリテラシーを理解していることを、はっきり伝えたい。

ランクアップ回答への アドバイス

◆動画の視聴に関しては、スポーツ（野球・バレーボールなど公式チャンネルのあるもの）、将棋や大相撲などの伝統的文化に関するもの、国会中継など政治に関するもの、ネット授業やネットニュースなど勉学に関するものを答えるとよい。逆に、ゲーム、アニメに関するものはなるべく避けたい。

◆動画サイトはYouTube、Netflix、Hulu、U-NEXTなどメジャーな媒体を選ぼう。

◆動画のアップロードに関しては著作権がからむ場合があるので注意。環境問題のような社会活動に積極的に関わっているような場合を除き、「行っていない」と答えたほうがよい。

これで好感度☆アップ！

インターネットに関するモラル・マナーを守る人間であることをアピールしよう！

頻出質問50

Q31 日頃、家事にはどのくらい参加していますか。

合格 する回答

お風呂掃除とゴミ出しが私の役割分担 です。料理と洗濯は親任せ です。大学入学後は 一人暮らしになるので、卒業までに習慣にしたい と思っています。

ココがポイント

まず、やっていることとやっていないことをはっきりと伝える。
現在やっていない家事に対して、どのような気持ちでいるかについても、
できれば示したい。

残念 な回答 ── 積極性が感じられない ──

力仕事は得意ですが、家事は苦手です。両親と姉2人の5人家族なので、基本的には何もしなくて大丈夫です。大学入学後も自宅から通学するので、変わらないと思います。

> 家事は「女の仕事」なんて思うのは間違っていますよ。

アドバイス 家事に不慣れな場合でも、「高校生になってから家事を手伝うようになったので、まだ失敗ばかりです」のように、やる気のあることはアピールしたい。

Q32 あなたのストレス解消法を教えてください。

する回答

私のストレス解消法は、友達にストレスの内容を直接話すことです。
話しているうちに、**ストレスの原因が整理され、対策が浮かんだり、アドバイスをもらったりできるから** です。

ココがポイント
なぜそれがストレス解消になるのかを伝えたい。
上記の回答の場合、「そばに友達がいない時はどうするのか」と質問されることも考えられるので、自分一人でもできるストレス解消法もできれば付け加えたい。

残念な回答 ── 面接官に疑問を与えてしまう ──

私のストレス解消法は、カラオケをしたり、ジョギングをしたり、体を疲れさせることです。そうすると頭の中が空っぽになり、ストレスを忘れることができるからです。

時間が経つと、またストレスのことを思い出してしまうような気もするけど。

アドバイス 大学生活の中でも、ストレスを感じる瞬間は必ずある。学生がストレス解消法を身につけているかどうかは、 大学関係者にとって重大な問題であることを意識しておきたい。

Q33 休日はどのように過ごしていますか。

合格する回答

野球部に所属していたので、高3の7月までは、練習か試合が入っていました。部活引退後は、図書館で勉強したり、公開模試を受けたり、オープンキャンパスに参加したりすることが多くなりました。

ココがポイント

休日によって過ごし方が違うことは、面接官も理解している。しかし受験生なのだから、勉強や大学訪問に時間をかけていることをアピールしたい。
たとえ1回だけの体験であっても、「地域のボランティア活動に参加したこともある」「クラブの後輩の練習に顔を出したこともある」などと付け加えてもよい。

残念な回答 ── 積極性が感じられない ──

休日の午前中は、家の中でゴロゴロしていることが多いです。午後からは、仲のいい友達とショッピングに出かけたり、友達の家でゲームを楽しんだりしています。

> 休日をなんとなく過ごしている感じで、充実しているようには感じられないな。

アドバイス 自分から積極的に何かをしていることを強くPRしたいが、クラブ活動や予備校・学習塾の授業などでほとんどの休日が潰れてしまう場合は、そのことを正直に話してもかまわない。

Q34 新聞は読みますか。

する回答

あまり新聞は読んでいません。その代わり、テレビのニュース番組を見たり、インターネットでニュースをチェックしています。最近いちばん印象に残ったのは、千葉県市原市にある地層の地質年代の名称として「チバニアン」が正式に認められたというニュースです。

新聞を読んでいることが望ましいが、読んでいない場合でも、ニュースに関心があることや、情報入手に積極的であることを伝えたい。
気になるニュースに関しては、新聞・テレビだけでなく、インターネットなどで詳細を調べたことがあることも大きなポイントになる。

残念な回答 ── 面接官の印象に残らない ──

新聞で、好きなスポーツの結果や芸能関係は必ずチェックします。最近のニュースでいちばん印象に残ったのは、自分の応援するJリーグのチームが優勝したことです。

> 政治・経済・文化には関心がないのかな。

アドバイス 大切なのは、政治・経済・文化・国際情勢に関心があること。犯罪や事故、芸能に関わるニュースに興味があることを示してもプラスにはなりにくい。

よく聞かれる度
★★★

Q35 コミュニケーション能力はあると思いますか。

面接官はココを見る！

❶ しっかりと自己分析ができているか。
❷ コミュニケーション能力の重要性を認識しているか。
❸ コミュニケーション能力を高める努力をしているか。

合格する回答

自分と意見の違う人とでも、感情的にならずに話し合うことができる ので、コミュニケーション能力はある方だと思います。

大学入学後は、外国人をはじめ、異なる文化圏の人と積極的にコンタクトを取って 、コミュニケーション能力をさらに高めたいと思います。

🦻 耳よりコラム

「リーダーシップがあると思いますか」「協調性はあると思いますか」などの形で質問されることもある。同じような方向性で答えていこう。

残念 な回答 ── 積極性が感じられない ──

中学校でも高校でも孤立するようなことはなかったので、コミュニケーション能力は人並みにあるのではないでしょうか。大学入学後は、外国人と話す機会も増えるので、鍛えられると思います。

自分からアクションを起こす気持ちはありませんか。

ココがポイント

コミュニケーション能力があるのかないのか、そのように思う根拠を具体的に示そう。

コミュニケーション能力を高めるために必要だと思っていることを伝えたい。

この質問に過不足なく対応できるかどうかでコミュニケーション能力が判断されることを意識しよう。

ランクアップ回答への アドバイス

◆「友達が多い」「友達と楽しくやれる」ではあまり評価されない。
「相手を理解する」「自分をわかってもらう」ことについて、自分が得意か不得意かを伝える必要がある。

◆「引っ込み思案」「恥ずかしがり屋」「口下手」などの理由で、「コミュニケーション能力がない」と答えてもよい。
ただし、それを改善しようと努力していることもしっかりと伝える。

これで好感度☆アップ！

この質問の時には、面接官の顔を見て話すことを意識しよう！ それもコミュニケーション能力だ。

Q 36 健康に自信はありますか。

面接官は
ココを見る！

❶ 時にはハードな大学生活に耐えられるだけの体力があるか。
❷ 大学に通い続けられる体力＆継続力はあるか。
❸ さまざまな困難を乗り越えられる体力＆我慢強さはあるか。

合格する回答

3年間、陸上部に所属していたので、健康には自信があります。（健康には自信があります。これまでに高校を欠席したのは5日間だけです）
つらいことにも耐えられる精神的なタフさもある方だと思います。

 耳よりコラム

健康にあまり自信がない場合は、「健康にあまり自信はありませんが、その分、体調管理には十分気をつけています」のように、健康面の不安要素を補う努力をしていることを伝える。

残念 な回答 ── 面接官に疑問を与えてしまう ──

健康には自信があります。力仕事では、他人よりも絶対に役に立つと思います。試験前に徹夜で勉強し、そのまま高校に行ったこともあります。

短期集中的な健康面ではなく、長期継続的な健康面も大丈夫?

ココがポイント

健康に自信があることを具体的に伝え、その根拠も示す。
肉体的に強いだけでなく、精神的にも強いことをアピールしよう。

ランクアップ回答への アドバイス

◆面接官は、基礎体力や運動能力の有無を知りたいのではない。

◆健康に自信がある場合にも、短期集中的に力を発揮できる(＝瞬発力)ことではなく、長期継続的に力を発揮できる(＝持続力)ことをアピールしたい。

◆病気・風邪などで高校の欠席日数が多い人は、その状況が改善された(改善しようと努力している)ことを必ず説明する。
　➡Q18も見よう!

◆「体調管理で何か気をつけていることはありますか」というような形で質問されることもある。

これで好感度☆アップ!

体育会系の人は、「その質問、待ってました!」という意気込みで対応しよう!

Q37 流行には敏感ですか。

 する回答

ファッションやグルメには敏感 です。
ただし慎重な性格なので、すぐに飛び
つくようなことはしません。
世間の評判や友達の評価が定まって
から購入する タイプです。

ココが ポイント

若者らしく、各方面にアンテナを張っていることをアピールしたい。
「飛びつく」ことが悪いわけではないが、
「見極める」ことの大切さを意識していることを示そう。

残念 な回答 ── 方向性が間違っている ──

新しいものは、誰よりも早く体験したいタイプです。
先日も、原宿で人気のインスタ映えするスイーツ
店に行って、1時間以上も並びました。いい写真
が撮れたので満足でした。

> ご苦労様でした。
> 良かったですね。

アドバイス 流行に敏感である必要はないが、「関心がない」という態度は、
無気力な印象を与えてしまうので避けたい。なぜ流行したのかだけでなく、
なぜ人気がなくなってしまったのかについても、関心があることを示したい。

Q38 一人暮らしをする自信はありますか。

合格する回答

一人暮らしをしたことがないので、少し不安です。
料理・掃除・洗濯のテクニックを、卒業までに親から教えてもらうつもりです。
自分でお金の管理もするようになることについては、新鮮に感じています。

ココがポイント

まず、家事全般について、どのように認識しているかを示す。
料理・掃除・洗濯だけでなく、お金の管理についても意識していることをアピールしたい。
良い意味で、「一人暮らしを楽しもう」としていることが伝えられればベスト。

残念な回答 ── 積極性が感じられない ──

「食べること」だけ気をつければ、なんとかなると思います。2歳年上の兄も一人暮らしですが、困っている様子はありません。休日には実家に帰って、しっかり栄養補給したいです。

グチャグチャな
部屋の中が目に
浮かびます。

アドバイス 一人暮らしは、社会生活の第一歩でもある。ただ「一人で生活する」だけではなく、「地域や社会のルールに従って生きる」意識をもっていることが大切。

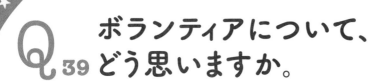

Q39 ボランティアについて、どう思いますか。

❶ ボランティアの意味を正しく理解しているか。
❷ ボランティア精神のある人物か。
❸ ボランティア精神を、行動で示そうとしているか。

合格 する回答

公園の清掃のようなボランティア活動には参加したことがありません。

しかし、高校の先生に、「他人のためになると思ってやった行動は、すべてボランティアになる」ことを教わってから、電車内でお年寄りに席を譲ったり、図書館の本棚を整理したりすることを積極的に行っています。

🦻 耳よりコラム

志望する大学に、ボランティアに関する講義・サークルなどがあることを確認しておき、受講したいことやサークルに参加したいことをアピールするのもよい。

残 念 な回答 ── 面接官に疑問を与えてしまう ──

ボランティア活動はしたことがありませんが、大学に入学したら、被災地の復興を支援するボランティア活動や、海辺の清掃活動を行うボランティア活動を、積極的に行いたいと思います。

ボランティア活動のたいへんさを、本当にわかっていますか。

ココがポイント

ボランティア活動を経験したことがなければ正直に話そう。ウソは厳禁。（ウソがバレた時には、非常に気まずい雰囲気になり、印象が悪くなる）

ボランティアの意味を踏まえて、自分が実際にやったことのある行動を話そう。
（誰にでも、一つや二つは必ずあるハズ）

ランクアップ回答への アドバイス

◆ボランティア活動をした経験がないのに、「夏休みに、地元の公園の清掃活動を手伝いました」なんてウソをつくと、「主催は？」「何人くらいで？」「暑くなかった？」などとツッコまれ、ウソがバレる可能性が高いので絶対にNG。

◆「倒れていた自転車を起こした」「お年寄りの荷物を持った」「道路に落ちていたゴミを拾った」など、これまでやったことがあることをまず思い浮かべよう。
それらの行動を、今後も継続的・積極的にやる意志のあることを強くアピールしよう。

頻出質問50

これで好感度☆アップ！

ボランティア経験がなくても、無関心・消極的でないことを示せばOK。落ち着いて対応しよう。

Q 40 SNS（ソーシャル・ネットワーキング・サービス）の長所・短所は何だと思いますか。

面接官は ココを見る!

❶ SNSの長所・短所を正確に把握しているか。

❷ 長所を生かす工夫、短所に対応する努力をしているか。

❸ SNSに関係する事件が大学に与えるダメージについて、考えているか。

合格する回答

SNSの長所は、同じ趣味や関心をもった人たちとネット上で意見交換や情報交換ができるところ、短所は、発信の手軽さから、自分も含め他人のプライバシーを公開してしまう可能性があるところ、だと思います。

🔈 **耳よりコラム**

面接官があなたのSNSに対する意見を聞くこともある。「趣味のゲームを一緒にプレイしている仲間とTwitterで情報交換しています」「他人のプライバシーに配慮して、私はSNSに動画はアップロードしないように心がけています」など、具体的に答えたい。

残念 な回答 ── 方向性が間違っている ──

SNSの長所は、実際に会ったことのない人と友達になれることで、短所は、自分の名前がわからないので、普段言わないような悪口を言ってしまうことです。

SNSの社会での位置づけを答えてほしかったんだけど……。

ココがポイント

長所については、客観的な表現ができるとよい。

短所は、自分がしっかり把握していることを示すため、できるだけはっきり伝える。

「SNSとは何か」と質問される可能性もある。
『人と人とのつながりを促進するコミュニティ型のWebサイトやネットサービス』であることを覚えておこう。

ランクアップ回答への アドバイス

◆SNSはInstagram、Twitter、TikTok、Facebookがメジャーだが、LINEもSNSの一つなので、LINEを想定すると答えやすい。

◆自分の具体的な話をするときには、「フォロワーが1000人います」のような自慢話は避ける。
また、「SNSで友達ともめ事を起こしたことがある」という失敗談もNG。

◆実名でSNSをやっている人は、面接官が検索であなたのSNSを見る可能性があるので、不適切な画像や文章がないか願書提出前にチェックしておくこと。
心配な人はアカウントに鍵をかけておこう。

これで好感度☆アップ！

面接官が、あなたのネットリテラシーを確認しようとしていることを忘れずに！

Q41 親友はいますか。あなたにとって、親友とはどんな人ですか。

面接官はココを見る！

❶ 友達、特に親友の大切さがわかっているか。
❷ どのような友達を親友だと思っているか。
❸ 悩みや困難などの相談相手となる親友がいるか。

合格する回答

2人います。1人は小学校からの幼なじみ、もう1人は高校で同じクラブだった人 です。

この2人には、これまでに何度も いろいろなことを相談し、支えてもらった こともあります。

大学は3人とも別々になると思いますが、この関係はずっと変わらないと思います。

👂 **耳よりコラム**

親友に助けられた（親友を助けた）エピソードを求められることもある。簡潔に伝える練習をしておこう。

残念 な回答 ― 方向性が間違っている ―

とても仲のいい親友が1人います。高校の同級生です。休日も一緒にいることが多いです。会えない日も頻繁に連絡しています。笑いのツボが同じだし、趣味も一緒なので、リラックスできます。

それは気の合う友達じゃないですか。

ココがポイント

どのような人が親友なのか、簡単に説明できるとよい。

親友とのこれまでの関係を示し、その関係がこれからも変わらないことをアピールしよう。

親友と、「気の合う友達」「遊び仲間」を混同しないように注意。

ランクアップ回答への アドバイス

◆現時点で、親友がいない場合でも、「なんでも相談できる親友がいればいいと思っています」などのように、親友の必要性を感じていることは絶対に伝えたい。

◆あなたがどんな友達を「親友」だと思っているかがポイントになる。
わかり合える、意見を言い合える、困った時に助けてくれる、一緒に喜んでくれるなど、あなたの言葉で「親友」を表現しよう。

◆時には断ったり、時には意見をしたりすることもできる、そんな親友がいることをはっきりと示そう。

これで好感度☆アップ！

友達を大切にする気持ちのあることを、ありのままに自分の言葉で話そう！

Q42 友達との付き合いで、大切にしていることは何ですか。

❶ 友達が少なく、孤立するような人間ではないか。
❷ 単なる「遊び仲間」とは違う友達がいるか。
❸ コミュニケーション能力があるか。

合格 する回答

当然のことですが、**ウソをつかないこと、裏切らないこと** です。

現在の友達とは、高校卒業後は会う機会が少なくなりますが、自分から連絡を取ることを心がけたいと思っています。

🎧 耳よりコラム

友達に関する格言や著名人の言葉を答えてもいい。その場合は、単純に紹介するだけではなく、どの部分に共感しているかも伝えよう。

残 念 な回答 ― 方向性が間違っている ―

友達から誘われたら、できるだけ断らないようにしています。自分が誘った時に、断られると悲しいからです。仲のいい友達と一緒にいる時間は最高です。

> 友達は、「楽しくなるため」だけに必要なわけじゃないと思うんだけど……。

ココ が ポイント

友達と付き合う姿勢が、大学入学後の同級生と接する姿勢と重なることを意識する。

友達と「楽しく愉快に」付き合うだけではなく、時には「マジメに真剣に」付き合う必要があることを理解していることを示そう。

友達が間違っていたら注意できることもアピールしたい。

ランクアップ回答への アドバイス

◆「特にありません」はもちろんNG。
　友達への気遣いを、素直に表現する。
◆友達の大切さを感じていることを示すことは大前提。
◆友達を失わない努力や、友達との絆を強くする努力をアピールしたい。
◆単なる「遊び仲間」ではないから、時には断ったり、時には意見をしたりすることも必要。
　そんな友達がいることをはっきりと示したい。　➡Q41も見よう!

これで好感度☆アップ!

仲のいい友達の顔を思い浮かべてみよう。自然に明るく答えられるはずだ。

Q43 あなたが毎日の生活の中で感じるスマートフォンの重要性は、どんなところですか。

合格する回答

家にいても外出していても、家族や友人と いつでも連絡が取れる ところです。また、わからないことや知りたいことを手軽に検索できる ことも欠かせない機能です。

ココがポイント

この他、自分のスケジュールの管理、健康や体調の管理、さまざまなデータの蓄積・共有など、自分の生活を向上させることに関連する内容を優先させよう。

残念な回答 ── 面接官をがっかりさせてしまう ──

親しい友人とLINEできることがいちばんです。ゲームができたり音楽を聴けたり、YouTubeを見られるのも大きな魅力です。写真をインスタに上げることにもハマっています。

> スマートフォンをとっても便利な遊び道具だと思っているんだね。

アドバイス「スマートフォンの重要性を感じない」という回答でもかまわないが、その理由や、スマートフォンを持たない場合にはその理由をしっかりと伝える。

Q44 あなたはイヌ派ですか、それともネコ派ですか。

合格する回答

イヌもネコも大好きですが、どちらかといえばイヌ派だと思います。 ネコのように自由奔放で気まぐれなのではなく、積極的に飼い主に好かれようとして行動するところに親しみを覚えるから です。

ココがポイント

どちらが好きかは問題ではない。なぜ好きなのかをわかりやすく伝えよう。誰もが感じるイヌやネコの良さやかわいらしさを、自分の言葉で伝えられればベスト。

残念な回答 ── 面接官の印象に残らない ──

絶対にネコ派です。家では3匹飼っていますが、どのネコもよくなついていて、ネコのいない生活は考えられません。イヌは、ちょっと臭いし、毎日散歩に連れていかなければならないのがたいへんそうです。

> 「ネコを愛している」のはよくわかりましたけど、「なぜ愛しているのか」を教えてほしかったんです。

アドバイス「アウトドア派ですか、インドア派ですか」「朝型ですか夜型ですか」「夏がいいか冬がいいか」といった質問もみな同じ目的。自分が支持する理由を示す必要がある。

Q45 学校推薦型選抜（総合型選抜）で不合格になったら、どうしますか。

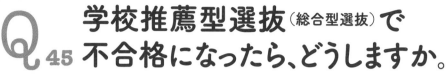

面接官はココを見る！

❶ 入学の意志がしっかりとしているか。
❷ この大学が第一志望校であることが明らかか。
❸ 万が一に備え、一般選抜を受験する準備もしているか。

合格 する回答

もし不合格になったら、一般選抜で 必ず再チャレンジ します。
学校推薦型選抜を受けることが決まってからも、英語・国語の受験勉強は継続 しています。

🦻 **耳よりコラム**

この質問には、「あなたは不合格である」という意味はないので、暗くなったり慌てたりしなくても大丈夫だ。

残念 な回答 ── 主体性が感じられない ──

もし不合格になったら、高校の先生とも相談しますが、一般選抜で再チャレンジすると思います。

たぶん、学校推薦型選抜に出願したのも高校の先生のアドバイスだったんだね。

ココがポイント

一般選抜で再チャレンジする（＝入学意志が強い）ことを必ず伝える。

大学は、学校推薦型・総合型選抜で合格した受験生が、大学入学後に学力不足で苦労することを危惧しているので、教科の勉強を継続していることは大きなポイントになる。

ランクアップ回答への アドバイス

◆「どうしてもこの大学に入学したい」＝「だから、一般選抜も絶対受ける」という強い意志を示すことが大切。

◆万が一に備えて、教科の勉強を継続していることは、「危機管理能力」があることのアピールにもなる。

◆「一般選抜では、どの大学に出願するつもりですか」という質問をされた場合、志望順位が低い大学だけを挙げておくのが無難。
決まっていなければ、「まだ決めていない」と答えてもかまわない。

これで好感度☆アップ！

志望校への入学意志を示しやすい質問。面接官にその気持ちをアピールしよう！

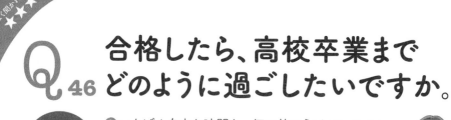

Q 46 合格したら、高校卒業までどのように過ごしたいですか。

面接官はココを見る！

❶ いちばん自由な時間を、何に使おうとしているのか。
❷ 残り少ない高校生活を、有意義に過ごそうとしているか。
❸ 大学入学に備え、何か準備をしようとしているか。

合格 する回答

将来のことを話し合ったりして、友達との関係をもっと強くしたい です。

英語力が足りないことを自覚しているので、少しでもレベルアップしたい と思っています。

これまで体験したことがないので、災害ボランティア活動にも参加してみたい です。

🦻 耳よりコラム

卒業旅行や遊びの企画を挙げるのはNGではないが、企画自体を楽しもうとしているのではなく、友達との関係を深めておきたいことを、面接官に印象づけたい。

残念 な回答 ── 具体例が示されていない ──

友達と卒業旅行に行きたいと思います。大学に入ると忙しくなると思うので、いろいろなことをしておきたいです。自動車の免許も取りたいです。

その「いろいろなこと」が何かを知りたいんですけど。

ココがポイント

「やっておきたいこと」「やらなければならないこと」「やってみたいこと」を区別して説明したい。

「やっておきたいことは……、」などのように前置きする必要は特にない。

高校の授業が中心の生活を最後まで貫き通す姿勢を示したい。

ランクアップ回答への アドバイス

◆一般選抜に挑戦する人たちは、2月頃まで勉強を継続している。
したがって、大学合格が決まっても「勉強を継続する」ことを伝えるのは、大きなポイントになる。

◆「いろいろなことがやりたい」「友達と一緒に何かしたい」では、面接官に何も伝えていないのと同じ。具体的に何がしたいのかをアピールしたい。

◆大学生になったら一人暮らしを始める予定の人は、その準備として、家事の練習をすることを挙げてもよい。

これで好感度☆アップ!

残り少ない高校生活を有意義に過ごしたいという気持ちを強くもって話そう!

Q 47 最近読んだ本の中では、どんな本が印象に残っていますか。

合格 する回答

映画を見たのでストーリーがわかっていたこともあり、『ハリーポッターと賢者の石』を英語で読みました。ほとんど辞書を使わずに読み進められたのがちょっと自慢です。

ココがポイント

その本を読むきっかけになったことも触れておくとよい。読んだ感想は必ず付け加えたい。あまり知られていない作品を答えた場合、「あらすじを簡単に説明してください」と質問されることもあるので、準備をしておく必要もある。

読書に積極的であるという姿勢がポイントにもなるので、「教科書に載っていた」「友人から勧められた」ことは強調しない方がよい。また、文豪や流行作家の作品を答えた場合、「その作家の他の作品も読みましたか」と質問される可能性もある。

残念 な回答 —— 積極性が感じられない ——

国語の教科書に載っていた、太宰治の「走れメロス」です。メロスのひたむきな姿勢に感動しました。

> それって、中学校の教科書だよね。高校生になって、自分から進んで読もうとした本はないのかな?

 アドバイス 「これまでに読んだ本の中で、いちばん印象に残っている本は何ですか」という質問の場合には、小学校時代・中学校時代に読んだ本を答えてもかまわない。

Q48 最近、いつ、誰に、どんな手紙を書きましたか。

合格 する回答

クラブを引退した時、クラブの後輩全員に感謝の手紙を書きました。
私も高2の時に、目標だった先輩から手紙をもらって、感激したからです。
LINEや電話よりも、自筆の手紙の方が、自分の気持ちは相手に強く伝わると思います。

ココがポイント

いつ、誰に、どんな手紙を書いたのかを明確に示す。
なぜ手紙を書いたのかを必ず伝える。
手紙の良さをまとめて説明できるとよい。

残念 な回答 ── 面接官をがっかりさせてしまう ──

中学生の時に、「10年後の自分へ」というタイトルで書きました。自分は字があまり上手ではないので、手紙は苦手です。相手にすぐに送信できるLINEの方が便利だと思います。

> 誰かから手紙をもらってうれしかったことはないかな?

アドバイス 手紙の良さは、「心を込めた」ことが相手に伝わり、形として残せること。文章や字が上手か下手かはあまり問題ではないので、「自筆」であることが重要だと認識しているかがポイント。

Q49 最後に、何か言いたいことはありますか。

面接官はココを見る！

❶ 最後まで、自分をアピールしようとしているか。
❷ 「どんなことを言えば効果的か」が察知できるか。
❸ 自分が言いたいことを、簡潔にまとめられるか。

 する回答

（繰り返しになりますが、）私は 明るい性格なので 、大学でも すぐにたくさん友達ができる と思います。
この大学で、 充実した大学生活を送りたい です。

🎧 **耳よりコラム**

「得意な英語のことを質問されなかったのは残念です」「クラブ活動のことを質問してほしかったです」など、愚痴っぽい発言はNG。率直に、「大学で英語力をもっと高めたいです」「大学でも高校と同じように、サッカー部で頑張りたいです」などと回答すればよい。

残念 な回答 ── 面接官をがっかりさせてしまう ──

さっきの「リーダーシップがあるか」という質問には、うまく答えられませんでしたが、自分はリーダーシップがあると思います。

そんな言い訳をされても困ります。

ココがポイント

この質問に関しては、事前に準備ができない。
最も強調したい性格や特性を述べた上で、入学意志の強いことを示そう。

「特にありません」は、やる気がない印象を与えてしまうのでNG。

ランクアップ回答への アドバイス

◆【合格する回答】のように、どんな質問をされた後でも応用できるような、強調したい性格と入学意志の強さを伝えられる回答を用意しておく。

◆例えば、「どのような性格ですか」「友達がすぐにできるタイプですか」という質問があった後でも、「繰り返しになりますが」と前置きして回答を始めればよい。

◆それまでの質問にうまく回答できなかったことに対して、フォローするのはかなり難しい。
どうしてもフォローしたい時には、言い訳にならないように十分注意する。

これで好感度☆アップ!

最後まで緊張感を切らさないように。自分を出し切ることだけに集中しよう!

Q50 小論文（課題作文）の出来はどうでしたか。

合格 する回答

具体例を入れすぎて、まとめの部分で字数が足りなくなってしまいました。もう少し全体のバランスを考えてから、**書き始めればよかった** と思います。頭に浮かんだことを文章にする練習が**足りなかった** と思います。

ココがポイント

まず、自己評価をはっきりと示そう。「うまく書けなかった」と自己評価する人が多くなると思うが、どういう点が納得できていないのか、なぜそのような結果になったのかを説明したい。

残念 な回答 ── 面接官をがっかりさせてしまう ──

緊張していたのか、何を書いたのかよく覚えていません。50分があっという間に過ぎたという感じでした。予想していたタイトルとまったく違っていたのが失敗した理由です。

つまり、ヤマが外れたっていうことですね。残念でした。

アドバイス 出願時に課題作文を提出する場合や、小論文と面接を別の日程で行う場合には、書いた内容を質問されることもある。要領よくまとめられるようにしよう。

第3章

学部系統別 面接で聞かれる 重要テーマ18

　面接では、志望する学部・学科に関連する知識を必要とする質問や、その学部・学科をめざす立場での回答を求められる質問をされる場合がある。その中には、小論文に出題されてもおかしくない、重要なテーマも多い。

　このような「口頭試問」でポイントとなるのは、ただ自分の意見を述べるだけでなく、そのテーマの抱える問題点をきちんと理解していることを、面接官に伝えられるかどうかということだろう。

　この章では、頻出するテーマをリストアップし、それぞれのテーマに関する基礎知識と回答のポイントと、それを踏まえた合格する回答を紹介していく。

　これらの質問をされることが多い学部系統も示しているが、高校生として考えておきたいテーマばかりなので、他の学部系統を志望する人も、問題点をしっかりチェックしておこう。

Q いじめ問題について、どう思いますか。

回答のポイント

- なぜ、いじめが起こるのか、自分の考えをもっているか。
- なぜ、いじめがなくならないのか、自分の考えをもっているか。
- いじめに対して、自分ができること、社会ができることを考えているか。
- いじめた子供、いじめられた子供への対応の重要性を意識しているか。

基礎知識

いじめの現状

- 小学生の場合、男女ともに、「2人に1人」がいじめの被害を経験。
- いじめは、被害者・加害者が入れ替わりながら進行。誰もが被害者にも加害者にもなり得る状況。
- いじめは、小学校での増加が著しい。いじめの件数は、中1がピーク。

いじめの内容

- 「冷やかす、からかう」「悪口、脅し文句」「相手の嫌がることを言う（する）」が中心。
- 「遊びのふりをしてぶつかる、たたく、蹴る」から「無視する、仲間外れにする」にエスカレート。
- 成長とともに、肉体的ないじめが減る一方で、パソコン・スマホを利用した誹謗中傷など、精神的ないじめが多くなる。

いじめへの対応

- いじめられた場合の相談相手 は、家族83％、先生42％、友達35％。
- いじめをしたことがある子供は32％。小学生は39％、中学生は31％、高校生は19％となっている。
- 「友達に相談する」のは、小学生では30％だが、中学生では38％、高校生では39％に達する。

※ジェントルハートプロジェクト第8回「親の知る権利を求めるシンポジウム」より

合格 する回答

　誰でも心の中に、「自分の嫌いな人を遠ざけたい」という気持ちがあります。その気持ちをコントロールできない人が、いじめにつながる行動を起こしてしまうのだと感じます。また、自分がいじめられないように、仲間外れにならないように、いじめる人を注意しなかったり、いじめる人に同調したりしてしまうことが、いじめがなくならない原因ではないでしょうか。

　いじめに対して、「注意する、先生に知らせる」ことが正しいことを、小学校低学年までに繰り返し指導することが大切で、それは学校だけではなく、各家庭でも徹底すべきだと感じます。

　いじめを受けている子供は、周囲の人にSOSのサインを送ると言われています。私が先生になったら、そんなサインを出している子供がいないかどうか、常に気をつけたいと思っています。

アドバイス

◆「いじめは、なくさないといけないと思います」では、回答になっていない。面接官は、それを踏まえてどうすべきだと考えているかを求めているのだ。

◆いじめを受けた経験や、いじめを目撃した経験を話すのはOKだが、それが中心とならないように。

◆「私は、絶対にいじめはしません」「僕が先生になったら、いじめには厳しく対応します」のような、いじめに対するあなたの姿勢を問われているわけではない。

Q バリアフリーとユニバーサルデザインについて、どう思いますか。

テーマ 2

回答のポイント

● バリアフリー・ユニバーサルデザインの意味を、正しく理解しているか。
● バリアフリー・ユニバーサルデザインの重要性を認識しているか。
● バリアフリー・ユニバーサルデザインが浸透するために、何が必要かを考えているか。

基礎知識

バリアフリー（Barrier free）の定義

● 障害者や高齢者など社会的弱者が社会生活に参加する上で、生活の支障となる物理的な障害や精神的な障壁を取り除くこと、または具体的に障害を取り除いた建物などのこと。

● 「バリアフリー」は、主に建物の段差などを取り除くことを指す。

ユニバーサルデザイン（Universal Design）の定義

● 文化・言語の違い、老若男女などの差異、障害・能力の有無に左右されることなく利用できる、施設・製品・情報の設計（デザイン）のこと。

● 「できるだけ多くの人が利用可能であるようなデザイン」が基本コンセプト。

バリアフリー、ユニバーサルデザインの現状

● 役所・駅・学校などの公共施設、スタジアム・映画館・大型公共施設を中心に、スロープ・エレベーター・点字ブロックなどの形で、バリアフリーは浸透しつつある。

● バリアフリーに対する意識が低い人も多く、放置自転車などのため、十分に機能していないケースもある。

● 社会のグローバル化が進み、世界的に通用するデザインの必要性が高まっている。

　すべての人が暮らしやすい社会の実現のために、障害者・高齢者も活動しやすいバリアフリーや、文化や言語の違いに関係なく利用できるユニバーサルデザインを、積極的に導入しようとする意識が大切だと思います。特にバリアフリーについては、ただ導入するだけでなく、バリアフリーを必要とする人がいることをアピールする必要があると思います。

　将来的には、すべての施設にバリアフリーが導入され、各国の道路標識などもユニバーサルデザインで統一されるのではないでしょうか。

アドバイス

◆「設備やシステムが障害者や高齢者などに対応可能であること」を、英語で「アクセシビリティ（accessibility）」と呼ぶ。

◆「誰もが快適に生活できる」ことを意味する、「ノーマライゼーション（normalization）」という言葉も覚えておこう。

◆バリアフリーやユニバーサルデザインについて、具体例を求められる可能性もある。身近にある、ちょっと意外なバリアフリーやユニバーサルデザインを調べておきたい。

テーマ 3

Q 「セクハラ」「パワハラ」についてどう思いますか。

回答のポイント

- 相手が不快に感じる行為が、「ハラスメント」であることを意識しているか。
- セクハラもパワハラも、個人レベルで解決できる問題ではないことを理解しているか。
- セクハラやパワハラにより、社会が受けるダメージが大きいことを理解しているか。

基 礎 知 識

ハラスメントの定義、内容

- ハラスメントとは、嫌がらせのこと。嫌がらせをする側にその意思がなくても、その行為の受け手が不快に感じれば嫌がらせになる。
- 「○○ハラ」という言葉が一般化するきっかけとなった言葉が「セクハラ」。
- 「パワハラ」とは、職場内の優位性を利用し、業務の範囲を超えた過剰な要求や命令をすること。仕事を与えない、組織から排除する、などの行為も含まれる。従業員の約32.5％が、「過去3年間にパワハラを受けたことがある」と回答（厚生労働省の調査結果）。

「セクハラ」「パワハラ」の放置が、職場環境や企業に与える影響

- 従業員の「心の健康」を害する。
- 被害者の労働意欲を低下させる。
- 職場の雰囲気・生産性の悪化や人材の流失を招く（離職、円滑な業務遂行の阻害）。
- 企業の法的責任（不法行為責任、安全配慮義務違反など）の発生⇒訴訟問題に発展。
- 企業イメージの低下。

「いじめ」と同じように、本人にその気はなくても、相手が不快に感じることは「ハラスメント」なのだという意識を強くもつことが大切だと思います。マナーではなく、ルールとして、言ってはいけないこと、やってはいけないことなのだという自覚も大切だと感じています。

個人レベルだけで解決できる問題ではないので、企業も、管理職や従業員を対象とした講演会や研修会の場を設ける、ハラスメント防止規定などの形で就業規則に盛り込む、などの対応を率先して行うことが求められているのではないでしょうか。

学部系統別

アドバイス

◆どのような行為が「セクハラ」「パワハラ」に該当するのかを確認し、自分がそのような行為をしていないかチェックしておこう。

◆「セクハラ」「パワハラ」以外の「ハラスメント」も調べてみよう。

◆Aさんがやっても「セクハラ」にはならないが、Bさんがやったら「セクハラ」になるという感覚が、「セクハラ」「パワハラ」撲滅を遅らせる一因になっていることも意識しておきたい。

テーマ4

Q リサイクルや省エネについて、どのように考えていますか。

回答のポイント

● リサイクル・省エネが、世界的な重要課題であることを認識しているか。

● 日常生活の中で、リサイクル・省エネにつながる行動を取ろうとしているか。

● 国家レベルの取り組みと同じように、個人個人の意識改革が不可欠であることを理解しているか。

基礎知識

リサイクルとは

● 製品化された物を再資源化し、新たな製品の原料として利用すること。「資源再生」「再資源化」「再生利用」「再生資源化」などとも呼ばれる。

● リデュース（減量）、リユース（再使用）とともに3Rと呼ばれる。

● 近年では3Rにリフューズ（購入拒否）を加えて4Rとも。

省エネとは

● 社会的・経済的効果を、より少ないエネルギーで得られるようにすること。日本では、1970年代のオイルショックを契機に省エネの意識が高まった。

● 「費用の低減」が省エネの出発点であるが、現在では、①限りあるエネルギーの使用量削減、②環境保護のためのエネルギー利用に伴う環境負荷削減、③経営管理や安全保障の観点によるエネルギーリスクの低減など、多様化している。

● 地球環境問題（特に温室効果ガスの削減）が社会問題化した1990年代以降、国家レベルの取り組みが不可欠となっている。

　地球環境や大切な資源が、私たちの世代で破壊されたり使い尽くされたりする可能性があります。それをストップするためには、リサイクルや省エネをもっと進めなければならないと感じています。室内温度の設定や照明の明るさ、ゴミの分別、クールビズやウォームビズなど、個人でもできることはまだまだたくさんあります。

　強制されて義務的にリサイクルや省エネに関わるのではなく、リサイクルや省エネを「もったいない」「ムダ使いはNG」を意識しながら楽しんで行うことが理想的だと思います。

アドバイス

◆「鼻にストローを詰まらせて苦しむウミガメ」「プラスチックごみに埋め尽くされた海面」などの写真や映像を契機に、プラスチック製品の使い捨てを改善しようという意識が、世界的に高まっている。

◆理工・工学系統を志望する人は、省エネタイプの新しい機器への変更だけでなく、製造工程・製造方法の根本的な見直しにより、製造業界の省エネが推進されていることなども盛り込みたい。

◆自分が実際に行っているリサイクル・省エネについて、質問される可能性は高い。簡潔に伝えられるよう、準備しておこう。

テーマ5 Q 日本はどんな国だと思いますか。

回答のポイント

● 日本の特色や、外国人から見た日本の印象を理解しているか。
● 日本の抱える問題点や、日本人の長所・短所を把握しているか。
● 国際社会での日本の役割や、守っていきたい日本の文化について、自分の考えをもっているか。

基礎知識

日本の特色

● 四方を海に囲まれ、地続きの国境をもたない。
　⇒独自の発展を遂げた言語(日本語)と文化を形成。
● 四季があり、梅雨・台風がある。
● 世界唯一の戦争被爆国である。
● 平均寿命1位、GDP3位、ODA支出額4位、自動車生産台数3位(2018年)。

外国人から見た日本のイメージ

● 日本人は、親切、礼儀正しい、真面目、完璧主義、勤勉。その反面、曖昧、本音と建前を使い分ける、働きすぎ、恥ずかしがり屋が多い。
● 日本は、清潔で、治安が良い、平和、豊かな国。
● 日本食はおいしい。サービスが丁寧できめ細やか、列車等の運行が正確。
● 自動車や家電など、工業製品の品質が高い。高い技術をもっている。
● 日本は、先進国である、文化大国である、マンガやアニメの名作を多数生んだ国である。
● 日本語は難しい。日本では英語が通じないことが多い。

合格する回答

　日本は平和で、経済的にもトップクラスだと思います。しかし国際社会の中では、まだまだ発言力が弱いという印象があります。相手のことを思いやる気持ちが強いことは日本人の優れた点でもありますが、自分の気持ちを相手に理解させることに、もっと積極的になる必要があると思います。

　今後、外国の人々と交流する機会は、飛躍的に増えていくと思います。英語力やコミュニケーション能力を磨いて、日本人が潜在的にもっている、東京オリンピック招致の時に話題となった「おもてなし」の気持ちや、美に対する繊細な感覚を、外国の人々に伝えられればと思っています。

アドバイス

◆日本の抱える問題点や日本人の短所・欠点を指摘するのはOKだが、「だから日本は嫌い」「だから日本人はダメ」というような、否定的な結論にならないように注意。

◆「日本（日本人）が世界に誇れることは何だと思いますか」という形で質問される可能性もある。「美しい自然」「文化遺産」「日本人の業績」などの中から、自分の答えを考えておきたい。

◆海外に長期間滞在した経験のある人は、その時の印象と比較する形で説明してもよい。

テーマ6

Q 校則は、なぜ守られないのだと思いますか。

回答のポイント

- 校則の問題点を理解しているか。
- 校則を守る立場（＝生徒）として、校則に対する考えをもっているか。
- 校則を守らせる立場（＝先生）として、どのような工夫が必要かを考えているか。

基礎知識

校則とは

- ①入学・休学・進級などの手続き規定と、②校内外での行動、制服や身なりなどの日常生活に関する規定が定められている。問題視されたり、校則をめぐる議論が交わされるのは、主に②。

校則のもつ教育的意味

- 「校則を守る」＝社会性を身につけるための青少年期の訓練。
- 校則の目的は、非行の防止や禁止ではなく、生徒の「正しい態度を育てる」こと。
- 校則の存在自体に、生徒を縛る（＝管理しようとする）という側面がある。

校則を取り巻く環境の変化

- 1980年代、校内暴力などの問題が多発。いわゆる「管理教育」が進む。
- 1994年以降、校則の内容について、生徒の意見も取り入れる試みが盛んになる。
- 近年は、保護者や地域社会も学校の運営に参画するようになり、校則は、学校外部の意見も考慮して定められるべきだという考え方が広まりつつある。

　生徒が自分たちで決めた規則ではない、なぜ守らなければならないかを説明されたことがない、この2つが理由として挙げられると思います。例えば、アルバイトの禁止、オートバイ通学の禁止などについて、なぜ禁止なのか、生徒が納得できる説明があれば、守る人は増えるのではないでしょうか。

　また、校則に多く用いられている「～しなければならない」「～してはならない」という表現に対して束縛感を感じ、反発したくなる面もあると思います。禁止事項の羅列だけではなく、「～しよう」という努力目標も盛り込むような工夫が必要だと感じます。

アドバイス

◆「校則は不要」という主旨の発言は避けたい。それに対して、「それではどうやって学校生活の規律を守るのか」という質問が追加されることは必至。「生徒の自主性に任せる」などでは、根拠として弱すぎる。

◆在籍する高校の校則に目を通し、守られていないこと、守る必要があるのかと疑問に感じること、ユニークだと思うこと、などをチェックしておきたい。

◆「制服は必要だと思いますか」という質問をされることも多い。制服に対する自分の考えもまとめておこう。

テーマ 7

Q 電子マネーの長所・短所を述べてください。

回答のポイント

- 電子マネーの長所・短所を理解しているか。
- 電子マネーの長所・短所を理解した上で利用しようとしているか。
- 電子マネーの管理・使用に、十分な注意を払っているか。

基礎知識

電子マネーのメリット

- 紙幣や硬貨を使用する煩わしさ（釣銭のやり取りなど）から解放される。
- プリペイドカードやキャッシュカードとの連携などにより、金銭の出納を一元管理できる。
- 紙幣や硬貨の強奪を目的とした犯罪（ひったくり・空き巣）の減少が期待できる。
- ポイント還元などのサービスにより、消費活動が活発化する。

電子マネーのデメリット

- 大規模災害時には使用できなくなる可能性がある。
- 紛失や盗難で、第三者に悪用される被害に遭う可能性がある。
- 支出を視覚的に把握しにくいので、使い過ぎてしまう可能性がある。
- 利用しにくい地域や業種、利用に不慣れな人も存在する。

電子マネーを利用する際の注意点

- さまざまな利便性の裏に潜むデメリットや危険性に注意を払うべきである。
- 電子マネーも本質的にはお金である。利用頻度や利用方法については、よく考える必要がある。
- 自分のライフスタイルに合わせて、電子マネーとクレジットカードの使い分けを考える必要もある。

合格する回答

　利点は、現金を持ち歩かなくても買い物ができる、買い物にかかる時間が短縮できるという利便性と、ポイント還元などのサービスがあること。欠点は、現状ではすべての店舗で使用できないことと、利用に不慣れな人も多いことではないでしょうか。

　電子マネーの利用者数や利用率は今後どんどん高くなり、近い将来、現金を使わずに生活できる時代が来るのは間違いないでしょう。消費活動の活性化という視点で考えると、それは日本経済にとって良いことだと思います。しかし個人的には、大規模災害が起こった時など、電子マネーのシステムが正常に機能するのかどうか、疑問に思う部分もあります。

学部系統別

アドバイス

◆現時点では、電子マネーをあまり利用していない人も少なくないと思うが、電子マネーの長所・短所を知っておくことは、大学生としても重要事項だ。

◆単に電子マネーの長所・短所を述べるだけでなく、電子マネーが社会に及ぼす影響や、自分が利用する際の注意点などにも言及したい。

◆電子マネーに限らず、クレジットカードを含めた「キャッシュレス決済」が進行していることについての意見を求められる可能性もある。同じ方向性で対応しよう。

テーマ 8

Q 放置自転車について、考えを述べてください。

- 放置自転車が重大な問題になっていることを理解しているか。
- 自転車利用者の意識改革が大切であることを理解しているか。
- 自分がルールを守るだけでなく、ルールを守らない友人や家族を注意できるか。

基礎知識

放置自転車とは

- 駐輪場のような許可された場所以外で、持ち主がいない状態で放置された自転車のこと。
- 通勤・通学や買い物で使用される自転車だけでなく、不法投棄・盗難車の乗り捨ても多い。

放置自転車の問題点

- 交通渋滞や交通事故の要因となったり、障害者・高齢者や緊急自動車の通行を妨害する。
- 街の美観を損ね、治安悪化の原因ともなる。
- 気軽に乗れるという自転車の特性が、放置自転車問題の一因となっている。
- 放置自転車は盗難に遭いやすく、盗難・乗り捨て放置の繰り返しが問題解決を困難にしている。

放置自転車対策への取り組み

- 駐輪場の整備。放置禁止区域の設定と、放置自転車の撤去。
- 自治体や近隣の学校による啓発活動。
- 放置自転車の再利用。売却、リサイクル、レンタサイクルへの転用。
- 相互利用可能な複数のサイクルポート（自転車置き場）を設置したコミュニティサイクルの導入。

　「放置自転車が社会の迷惑になっている」という意識を高める必要があると思います。家庭や近隣の学校で、もっと積極的に子供たちに自転車利用のルールを身につけさせる機会を増やすことが特に有効だと思います。罰金制度などを採用したことによってタバコのポイ捨てや歩行喫煙がかなり少なくなったことを考えると、ルール違反者には厳しい対応をすることも必要なのかもしれません。

　私たち一人一人が、「ちょっとだけならOK」「この場所ならOK」という甘えた気持ちを断ち、まず、ルールを守らない友人や家族に勇気を出して注意することから始めなければと考えています。

アドバイス

◆大学入学後、通学に自転車を利用する可能性がある人は、最寄駅やキャンパスの駐輪施設などをチェックしておきたい。

◆放置自転車と同様に、以下のような自転車の走行ルールが守られていないことが問題になっていることも把握しておこう。

＜自転車の走行ルール＞

①歩道は歩行者優先。

②二人乗りや並進の禁止。

③運転中のスマホ操作の禁止。

④傘をさしながらの運転の禁止。

テーマ 9 Ｑ あなたの考える 理想のロボットとは。

回答のポイント

- 今、なぜロボットが注目されているか理解しているか。
- 自分の夢や理想像を、ロボットを通して伝えられるか。
- 画期的な利用法、新鮮なアイデアをもっているか。

基礎知識

社会的背景

- 少子高齢化、生産年齢人口減少による人手不足解消などのため、ロボットが注目を浴びている。
- 医療介護、農業、建設、インフラ作業現場などで、生産性・作業性の向上と安全確保をめざす。

ロボット開発の事例

- リハビリテーションロボット（移動支援、入浴支援、高齢者見守り支援など）。
- トンネル工事、海洋・河川・ダムの水中調査などの危険作業。
- 第8回ロボット大賞での受賞例
  ◆ロボットの稼働率向上をサポートするロボット（各ロボットの情報をサーバで集中管理）
  ◆リハビリ支援ロボットシステム（運動学習理論に基づき、高効率な練習を実現）
  ◆ドローンによる土石流予測システム

今後の展望

- 宇宙開発、気象研究、災害復興支援、保安活動での利用。
- 生活支援をはじめ、会話やコミュニケーションなどの精神的ケアでの利用。

　鉄腕アトムのような、万能で人間と意思疎通のできるロボットが理想だと思います。しかし現実的には、工事現場や被災地などで、危険を伴うさまざまな作業を人間に代わって短時間で行えるロボットの開発に携わりたいと考えています。

　また、医療や介護でのロボットの利用にも興味があります。精密な技術を要する手術の補助に活用できるロボットや、人工知能を搭載し、会話を通して精神的ケアまで視野に入れたリハビリテーションロボットなどが普及した社会が、近い将来実現するのではないでしょうか。

学部系統別

アドバイス

◆面接官は、君たちの新鮮なアイデアを聞きたいと思っている。現実離れしていてもかまわない。熱く夢を語ろう。

◆ただし、現実的には、医療・介護や、危険作業などの分野での開発に注目が集まっていることは理解しておこう。

◆志望する大学がロボット開発に特に力を入れている可能性もある。パンフレットやホームページで必ず確認しておくこと。

テーマ 10 Q 男女差別や社会的格差をどう思いますか。

回答のポイント

● 男女差別・社会的格差に対して、問題意識をもっているか。
● 差別につながる言動はしない、という意志が感じられるか。
● 社会的弱者が存在するという現実を認識しているか。

基礎知識

男女差別の実情

● 憲法では男女平等がうたわれ、改正男女雇用機会均等法や男女共同参画社会基本法などで、男女差別は禁止されている。
● 現実的には、①家庭では、妻は従属的な地位にある、②職場では、女性は管理職になりにくい、③社会のリーダー的な立場にある女性の数も少ない、などの問題が生じている。
● マタニティ・ハラスメント（＝マタハラ、妊娠や出産予定の女性に対する雇用や待遇面などでの差別）が、社会問題として取り上げられることが多い。

社会的格差の実情

● 1990年代後半、日本では、いわゆる「一億総中流」と言われた時期が終焉を迎える。
● 21世紀になり、社会的地位・教育・収入などを享受できる割合に差異が生じる（＝格差の顕在化）。
● 正規社員数削減、フリーターや派遣労働者・ホームレス増加などの問題が生じる。
● 正規社員と非正規社員の間に生じている賃金や手当の格差の是正、パートや派遣労働者の雇用保護・待遇改善の強化などが求められている。

合格する回答

　法的には男女平等ですが、実際には、男女差別はなくなっていないと感じています。自分が「差別」とは思っていない言動の中に、異性が「差別」と感じる言動が少なくないことを、私たちはもっと自覚しなければならないと思います。

　社会的格差に関しては、「ワーキングプア」という言葉を最近よく耳にしますが、一生懸命働いているのに、生活が楽にならないという状況にある人たちが少なくないことを知りました。このような現実について考えてみることが大切なのではないでしょうか。

アドバイス

◆男女差別問題とセクハラ問題は違うので、混同しないようにすること。

◆男女差別を肯定するような発言、社会的弱者を切り捨てるような主張はNG。

◆「男女差別撤廃のためには……」「社会的格差是正のためには……」などと、大げさに話し始めないように。結論が貧弱だと、「尻切れトンボ」の印象が強くなってしまう。

◆男女差別の他に、人種差別、少数民族に対する差別、LGBTなど性的少数者に対する差別などもあることを理解しておこう。

テーマ 11

Q 日本は世界の中で、どのような役割を果たすべきだと思いますか。

回答のポイント

- 現在の世界情勢が危険な状態にあることを認識しているか。
- 世界情勢の不安因子を、具体的に理解しているか。
- 世界の中での、日本の強みや独自性を把握しているか。

基礎知識

世界情勢の不安因子

- 人類や世界の存続を脅かす地球規模課題の顕在化（地球温暖化問題など）。
- 宗教的・民族的な対立（テロ・核兵器など）。
- 世界的な金融危機と経済不況（経済成長の減速による不況・株価暴落など）。

先進国の取り組み

- 国際経済の安定、発展途上国への支援。
- 技術や経済分野における多国間協力（開発途上国やBRICs諸国との協力）の推進。
- 科学技術分野での研究・人材育成のネットワーク構築。
- 人的貢献の拡大。

日本の強みと可能性

- 世界的に高水準を維持する科学技術の推進と新たな活用法の開拓。
- 宗教的にも地理的にも比較的中立な立場からの仲介。

　現在の日本の国際貢献は、ODA（政府開発援助）に代表されるような経済面が中心になっていると思います。日本の科学技術は世界的に高水準を維持しているので、ハイブリッドカーや太陽光発電などを通して、環境問題でも世界にさまざまな提案を行うべきではないでしょうか。

　近年、宗教や民族間の対立などを背景に、紛争やテロが各地で頻発しています。宗教的に比較的中立な立場にあり、唯一の戦争被爆国である日本には、核兵器の使用回避や人権問題の解決などについて、重要な役割が果たせると思っています。

学部系統別

アドバイス

◆世界情勢については、新聞・テレビ・インターネットなどによって、最低限の知識を身につけておく必要がある。

◆現在の日本政府の対応に賛成（または反対）という方向に話をあまり進めないように注意。

◆「日本の豊かさについてどう思いますか」という質問をされることも多い。戦後日本の急速な経済成長により、物質的な豊かさが得られた一方で、精神的な豊かさについては満足していない人が少なくないことを理解しておこう。

テーマ 12 Q 科学技術に「倫理観」は必要だと思いますか。

回答のポイント

● 科学技術が、ときには人間の尊厳に関わるところまで発展していることを意識しているか。
● 研究者に「倫理観」が不可欠であることを自覚しているか。
● どのような「倫理観」が求められているかを理解しているか。

基礎知識

「倫理観」が求められるようになった経緯

● 科学の発展は、病気の診断・予防・治療を著しく向上させ、人類に大きく貢献している。
● 体外受精、脳死による臓器移植、クローン技術など、人間の尊厳に深く関わる科学技術が登場。バイオエシックス（生命倫理）の問題が注目されるように。
● 現代医療においては、医師や研究者に、人間の尊厳を守るための強い倫理観が求められている。

重要性が高まる「倫理観」

● 科学技術分野における「倫理観」は必須で、ルール作りが急務となっている。
● 社会のグローバル化に伴い、「倫理観」に関しても国際的な協調が必要とされている。

どのような「倫理観」が求められているのか

● 科学技術は、使い道を誤ると社会に重大な影響を及ぼすという危機意識。
● 科学技術の利用や研究開発活動の管理を適切に行うべきであるという義務感。
● 研究に関する情報やその成果、社会への影響を積極的に発信していくべきだという責任感。

合格する回答

　　必要不可欠だと思います。科学技術の研究・開発に関わる際には、研究・開発が社会に重大な影響を及ぼす可能性があり、その影響は社会にマイナスに作用する危険性もあることを、強く意識しなければならないと感じています。研究機関や研究者は、研究内容や成果を社会に対して説明する責任があることも忘れてはならないと思います。

　　研究者・技術者自身が高い「倫理観」を維持できるようなガイドラインの設定や、技術者の資格認定に「倫理観」の視点を盛り込むことも重要ではないでしょうか。

アドバイス

◆「倫理観を必要だとは思わない」という方向性の発言はNG。

◆研究者個人の間違った思い込みの排除や、失敗時の研究機関の隠蔽体質の改善なども、必要不可欠であることを理解しておこう。

◆ヒトに関するクローン技術による個体産出については、国際的にも容認できないとする意見が多く、日本でも「ヒトに関するクローン技術等の規制に関する法律」が成立している。

テーマ13

Q 「ニート」や「フリーター」について、どう思いますか。

回答のポイント

- 「ニート」と「フリーター」の違いを理解しているか。
- 「ニート」や「フリーター」が増加傾向にある社会的な背景を認識しているか。
- 問題解決に向けた自分なりの考えを示せるか。

基礎知識

「ニート」とは

- 就学、就労、職業訓練のいずれも行っていない人を意味する言葉。
- 日本では、15〜34歳で、在学しておらず家事を行っていない若年無業者を指す。

「フリーター」とは

- 日本では、15〜34歳で、在学者ではなく、就業先での呼称が「アルバイト・パート」である人、もしくは「アルバイト・パート」としての就業を希望する人を指す。

ニートやフリーターの現状

- 中学校・高校・大学卒業後、労働意欲をもたない若者が増加している。
- 正社員の採用を抑制する企業の増加に伴って、「フリーター」にならざるを得ない若者が増加した。
- 「フリーター」としての状況から抜け出せず、高齢化している。
- 「フリーター」は一般に所得が低く、雇用も不安定なので、結婚などの将来像が描きにくい。

合格 する回答

　「ニート」は就学も就労も職業訓練も行っていない若者、「フリーター」はアルバイトやパートとして働いている若者、という意味だと思います。そういう人たちが増えているという現状は残念ですが、働きたくても働けない人や、正社員になりたくてもなれない人も大勢いると思うので、その人たちに対して、偏見をもってはいけないと思います。

　高校生や大学生に対して、就業支援、インターンシップ、ジョブカフェなどを体験する機会をもっと増やす必要があるのではないでしょうか。また、働くスタイルがどんどん変わっているので、「フリーター」でも人生設計が可能な賃金体系や雇用システムが必要なのかもしれません。

学部系統別

アドバイス

◆「ニート」や「フリーター」に『あこがれる』、という方向の発言は避ける。同時に、『非難する』という方向の発言も避ける。

◆自分自身は「働く」ことに対して、積極的であることを示そう。

◆「フリーター」については、個人の資質の問題とされてしまうことも多いが、「フリーター」として働かざるを得ない人たちの状況を改善する必要があることを理解しよう。

テーマ 14 Q 再生可能エネルギーと、その問題点を説明してください。

回答のポイント

● 再生可能エネルギーには、どのようなものがあるかを把握しているか。
● なぜ再生可能エネルギーが注目されているのかを理解しているか。
● 再生可能エネルギー導入のために、克服すべき課題があることを知っているか。

基礎知識

再生可能エネルギーとは

● エネルギー源として、永続的に利用することができるもの。
● 太陽光、風力、水力、地熱・太陽熱などの自然界に存在する熱、バイオマスなど、温室効果ガスを排出せずに、国内で生産できるエネルギー源。

再生可能エネルギー導入の効果と意義

● 資源を枯渇させることなく繰り返し使え、温室効果ガス削減も期待できる。
● エネルギー自給率が9.6％の日本にとって、輸入に依存する化石燃料に代わるエネルギーである。
● 世界的にエネルギー需要が増大する中、価格が不安定なエネルギー市場に左右されない。
● 環境関連産業の育成や雇用の創出といった、新しい経済効果を期待できる。

再生可能エネルギー導入の課題

● 設備価格が高く、日照時間などの自然状況に左右されるので、利用率が低い。
● 火力発電などの既存エネルギーと比べて発電コストが高い。
● 地形等の条件から、設置可能な場所を確保しにくい。
● 均一な電力供給が難しく、安定供給に問題が生じる可能性がある。

合格する回答

　再生可能エネルギーには、太陽光、風力、水力、地熱・太陽熱、バイオマスなどがあります。資源を枯渇させない、温室効果ガス削減が期待できる、エネルギー自給率が低い日本にとって輸入に依存する石油や天然ガスに代わるエネルギーになる、などの理由から注目されています。ただし、設備価格が高い、日照時間などの自然状況に左右される、出力が不安定である、などの問題点もあります。

　コスト削減や性能向上のための研究開発と同時に、導入に対する支援を国や自治体が積極的に行うことが、再生可能エネルギー普及のポイントになっていると思います。

アドバイス

◆再生可能エネルギーの問題点が「供給の不安定性」であることを、しっかりと理解していることを明確に示すことが最大のポイント。

◆特に注目している(関心のある)再生可能エネルギーを示してもよい。

◆再生可能エネルギーが利用されている施設や製品について触れてもよい。

テーマ 15 Q 地震や災害に対して、どのような準備をしていますか。

回答のポイント

- 危機管理能力があるか。
- 自己管理能力があるか。
- 緊急時に、パニックにならずに行動できるか。

基礎知識

地震が起きた時の行動

- 屋内：テーブルや机の下に潜る。座布団などで頭を守る。倒れやすい家具から離れる。
- 屋外：かばんなどの持ち物で頭を守る。広い場所に向かう。
- 火を使っていた場合は、揺れが収まってから安全を確認して消す。窓や扉を開けておく（脱出経路確保）。
- 慌てて外に飛び出さない。家族や近所の安全を確認する。
- テレビ・ラジオ、消防署や市区町村からの災害情報など、正しい情報を入手する。
- 海岸沿いなどでは海からできるだけ離れ、高台に避難する。
- 出先の場合は、無理に帰宅しようとしない。

災害に備えて

- 非常用の備蓄品：懐中電灯、小型ラジオ、充電器、軍手、雨具、ナイフ、ガムテープ、ライター、現金、医薬品、非常食、飲料水、家族写真、保険証のコピーなど。
- タンス・食器棚・本棚などを、転倒防止器具で固定。
- 消火器の準備と、取り扱い方法の確認。その他、家族との連絡手段の確認。
- 災害用伝言ダイヤル（171）の利用方法の確認。
- 避難場所や避難経路の確認。
- 地震、津波、台風、落雷などについて、正しい知識を身につける。

　玄関に、防災グッズを家族分用意してあります。家具には転倒防止器具を取り付けてあります。また、地震が起きた時の避難場所も家族で決めてあります。実際に大きな災害に遭ったことがないので、揺れが収まるまでは、身を隠す以外、何もできないのかもしれませんが、揺れが収まってからの冷静な行動が大切なのだと思います。

　日頃、情報の入手はテレビやスマートフォンが中心ですが、大地震が起きたら、停電でテレビは見られなくなるかもしれないし、スマートフォンもつながらないかもしれません。小型ラジオを携帯している友人がいますが、私もしっかり備えようと考えています。

アドバイス

◆「どんな準備をしているか」「どんな行動を取るべきか」を落ち着いて話そう。この質問にパニックになっているようでは、地震や災害時に冷静な行動が取れるという印象は与えられない。

◆自分が実際に経験した地震や災害時のことを話してもかまわないが、それがメインにならないように注意。

◆「防災グッズ」にはどのようなものがあるのか、いざという時のためにも調べておこう。

テーマ16 Q 医療に携わる人間として、注意すべきことは何ですか。

回答のポイント

- 現在の医療が抱える問題点を把握しているか。
- 医療人として、どのようなことが期待されているかを理解しているか。
- チーム医療に積極的に取り組む姿勢をもっているか。

基礎知識

現在の医療が抱える問題点

- 先端医療の進歩と、生命の尊厳との調和。
- 生命倫理（脳死・臓器移植・体外受精・遺伝子治療・iPS細胞による再生医療）などをどのように考えるか。
- 高齢者の介護問題。高度な治療や長期の治療の際の医療経済問題。
- 疾病の治療だけでなく、どうすれば人間が健康で幸せな一生を送れるかという視点が必要。
- 医療・介護・福祉に関係する施設や人間の協力体制が求められている。
- 患者の人権を尊重した医療や社会環境の整備。

期待される医療人像

- 豊かな人間性。深い教養と医療人としての高い倫理観。
- 臨床面での対応が適切に行える能力や態度の修得。
- 倫理的・法的な知識や医療経済を含めた社会問題に関する知識。
- 医療に関する患者の意思と自由を尊重する姿勢（＝インフォームド・コンセントなど）。
- 医師・看護師・薬剤師・介護スタッフなどが有機的に機能するチーム医療への積極的な取り組み。
- QOL（＝ quality of life、精神面を含めた生活全体の豊かさ）を維持することへの配慮。

　高度な知識と技術を身につけようとする努力を欠かさないことは大前提だと思います。病気やケガを治すだけでなく、人々が健康で幸せな生活を送るアドバイザーとしての役割が求められていることを意識すべきだと思います。また、患者やその家族の意思を尊重し、何が最善の医療かを考えていくことが大切なのではないでしょうか。

　患者に接するのは自分一人ではありません。患者の治療に当たる多くのスタッフと常にコミュニケーションを取ることも重要だと思います。

アドバイス

◆【合格する回答】を基本に、自分が志望する立場（医師・看護師など）を踏まえた回答を考えておきたい。

◆医療人としての能力・技術の修得は必要不可欠。それを第一目標とするような話の展開にしないように注意。

◆近年の医療現場では、「患者の権利が基本」という考えが主流になりつつある。それに伴い、新しい医療の倫理観が求められていることを理解しよう。

テーマ 17 Q 少子化・高齢化について、どのようなことを感じていますか。

回答のポイント

● 日本の少子化・高齢化の現状を理解しているか。
● なぜ少子化・高齢化が進行するのかを理解しているか。
● 少子化・高齢化がなぜ問題なのかを把握しているか。

基 礎 知 識

少子化・高齢化の現状

● 日本の高齢化率（65歳以上）は約28.1％。「高齢化社会」と呼ばれる水準（7％）を大きく上回っている。
● 現役世代（15〜64歳）2.1人で1人の高齢者（65歳以上）を支えている。
● 日本の出生率は約1.4。年間の出生数は90万人台に減少。

少子化・高齢化の問題点

● 近い将来、日本の人口は1億人を下回る。
● 労働人口の不足による国力の低下は必至。
● 年金や医療などの社会保障費が、日本の財政を圧迫。

少子化対策

● 「地方創生」をめざし、東京への一極集中を是正。
● 若い世代が就職・結婚・子育てに希望をもてる社会の実現。
● 若者の就業支援（非正規雇用対策の推進）。
● マタニティ・ハラスメントの防止、保育園の待機児童の解消。
● 児童手当の支給。小児医療の充実。

　　日本の高齢化は、医療の進歩や平和の継続の影響が大きいと思います。ですから、高齢者が増加していることよりも、高齢者が健康で幸せに生活できる社会になっているかどうかに注目すべきではないでしょうか。

　　一方、少子化は、「就職・結婚・子育て」に対する若者の価値観が変わったという面もありますが、経済的に「結婚・子育て」が可能ではないと考える若者が増えていることが大きな問題だと感じています。「結婚・子育て」と仕事が両立できる環境を整えることが求められていると思います。

学部系統別

アドバイス

◆「私はお年寄りを大事にします」「私はできればたくさん子供を産みたいと思います」といった回答が求められているのではない。

◆「育児休暇」「マタニティ・ハラスメント」などのキーワードを調べておこう。

◆生活科学・家政系統を志望する人は、「待機児童の解消」「幼稚園における預かり保育の推進」などについても知識を増やしておきたい。

＜理学系統＞＜理工・工学系統＞
＜農・生命科学系統＞

テーマ 18

Q 地球温暖化について、どのように思いますか。

回答のポイント

● 地球温暖化の現状・原因を理解しているか。
● 地球温暖化防止となる開発や研究に興味・関心があるか。
● 今後の技術開発において、「環境に優しい」ことが大切である点を理解しているか。

基礎知識

地球温暖化の現状

● 地球の平均気温は、この100年間で約0.7℃上昇。
● 海水面の上昇、気象の変化、生態系や人類の活動への悪影響が懸念されている。
● 異常高温、大雨などの異常気象も、地球温暖化が一因となっており、今後さらに悪化することが懸念されている。

地球温暖化の原因

● 産業革命以降の、化石燃料の大量消費や森林伐採などによる、大気中の温室効果ガス（二酸化炭素など）の増加。

地球温暖化対策

● 再生可能エネルギーや水素エネルギーの開発。
● 電気自動車・水素自動車・バイオ燃料などの開発。
● 二酸化炭素排出削減対策、森林など二酸化炭素吸収源の保護対策。
● 国家の枠を超えた地球規模での温暖化防止対策（「京都議定書」「パリ協定」など）。

　危機的な状況だと思います。産業革命を契機とした人間の社会活動の変化がもたらした「負の遺産」なので、私たちが責任をもって問題解決に当たらなければなりません。化石燃料に代わる再生可能エネルギーの研究、温暖化対策となるハイブリッド車、省エネ機器の開発など、エンジニアとしてやれることはたくさんあると思います。

　この問題には、国家の枠を超えた規模の対策も必要だと思います。現時点では、各国が自国の利害を第一義にしてなかなか議論が進まない状態であることが残念でなりません。

アドバイス

◆地球規模の問題であると意識していることを印象づけたい。

◆リサイクルや省エネと関連づけて話を展開するのも効果的。

◆「異常気象について、どのように感じていますか」という形で質問されることもある。郊外に比べ、都市部の気温上昇が顕著であることを示す「ヒートアイランド現象」、太平洋赤道域の日付変更線付近から南米沿岸にかけて海面水温が高く（低く）なる「エルニーニョ現象（ラニーニャ現象）」などのキーワードを理解しておこう。

面接では、世界情勢や国内情勢について問われる
ことも少なくない。ここには、最近話題になった
ニュースを、ジャンル別にまとめてある。高校生の
基礎知識として、内容を理解しておこう。

政治

※2020年5月現在

民法改正（18歳成人）

民法の一部を改正し、2022年4月から成年年齢を現行の20歳から
18歳に引き下げる法律が成立。18・19歳の若者が積極的に社会参加
し、自らの判断で人生を選択する環境を整えることが目的。この改
正により、男女の婚姻開始年齢は18歳で統一され、携帯電話の契約
や10年間有効のパスポート取得などが可能となる。一方で、飲酒・
喫煙などは青少年保護などの観点から現状維持となっている。

改元　天皇の退位　新天皇の即位

2019年4月1日に新元号「令和」が発表され、4月30日に天皇陛下
が退位、5月1日に皇太子殿下が新天皇として即位。先の天皇陛下は
上皇陛下、皇后陛下は上皇后陛下となった。天皇の退位は江戸時代
の光格天皇以来約200年ぶり。皇室典範に天皇退位に関する規定が
なかったため、憲政史上初めての退位となった。

安倍総理大臣の通算在職日数が最長に

安倍晋三内閣総理大臣の通算の在職日数が、20世紀初頭の桂太郎
（通算在職日数2886日）を抜き憲政史上最長に。安倍氏の総理大臣
就任は2006年9月。自身の体調の不良もあり第一次政権は1年で幕
を閉じた。その後、福田康夫・麻生太郎・鳩山由紀夫・菅直人・野
田佳彦が内閣総理大臣に就任し、2012年12月に安倍氏が再び総理
大臣に。第二次政権発足以降の連続在職日数は、2020年8月には佐
藤栄作の連続在任記録（2798日）も上回ることになる。

教育の一部無償化

2019年10月から、幼稚園、保育所、認定こども園などを利用する3～5歳児クラスの子供たちと、住民税非課税世帯の0～2歳児クラスの子供たちの利用料が無料となった。財源は同時期に8％から10％に引き上げられた消費税増税分を充てる。また、2020年4月から、世帯の所得などを目安にした「大学無償化（高等教育の修学支援新制度）」も始まったが、対象範囲の見直しを求める声もある。

IR（統合型リゾート）

2018年7月に「特定複合観光施設区域整備法（IR実施法）」が成立し、国内3か所を上限にIRを開設することが決まった。IR(Integrated Resort)とは、カジノを含むホテル・劇場・国際会議場・レストラン・ショッピングモールなどが集まった複合施設のこと。カジノは国内では認められていなかったため、導入に反対する声も根強いが、カジノを設置することのできる敷地面積はIR全体の3％以下であり、インバウンド（訪日外国人観光客）の増加につながる施設として期待する声もある。カジノ設置については「ギャンブル依存症」問題、治安の悪化、資金洗浄（マネーロンダリング）の問題などが懸念事項として挙げられている。

日本の主な政治家

安倍晋三（あべ　しんぞう）：内閣総理大臣
小池百合子（こいけ　ゆりこ）：東京都知事
吉村洋文（よしむら　ひろふみ）：大阪府知事
玉城デニー（たまき　デニー）：沖縄県知事
山口那津男（やまぐち　なつお）：公明党代表
枝野幸男（えだの　ゆきお）：立憲民主党代表
志位和夫（しい　かずお）：日本共産党幹部会委員長
菅義偉（すが　よしひで）：内閣官房長官

経　済

働き方改革

　2019年4月から施行された「働き方改革関連法」は、「残業時間の上限規制」「脱時間給制度（高度プロフェッショナル制度）」「同一労働同一賃金」の3つを柱とし、労働環境を大幅に見直す取り組みである。少子高齢化に伴う労働人口減少を背景に、政府が提唱する「ニッポン一億総活躍プラン」に基づき、すべての人が働きやすい環境を整えることを目的としている。過労死を防ぐための残業規制は、年間720時間以内・単月100時間未満となっており、違反した事業者には刑事罰（罰金刑・懲役刑）が科されるようになった。

消費税が8％から10％に

　2019年10月、消費税が8％から10％に。1989年4月の導入（3％）以来、3回目の引き上げである。政府は今回の税率の引き上げに際して、軽減税率の導入、キャッシュレス決済でのポイント還元制度の導入、学年単位でみた年齢3歳未満の子供がいる世帯と低所得層向けのプレミアム商品券の発行、などの手当てを講じた。アメリカと中国の貿易摩擦、イギリスのEU離脱問題など、世界の経済状況が不安定だったことから、個人消費の落ち込みを懸念し、増税を見送るべきという声も根強かった。増税後のGDP（国内総生産）はマイナス成長となっており、消費税減税を求める声も強くなっている。

CPTPP（環太平洋パートナーシップに関する包括的及び先進的な協定）

　TPP11（イレブン）とも呼ばれる。環太平洋地域の国々が、モノだけでなく、サービスや金融の自由化を進め、知的財産や電子商取引などの分野で新しいルールを構築する多角的な経済連携協定(EPA)である。2016年2月に日本を含む12か国によるTPP協定が成立したが、2017年1月にアメリカのトランプ政権がTPPからの離脱を表明した。このため、11か国による「TPP11協定」が締結され、2018年12月に発効した。2019年には新たにタイが参加を表明、イギリスなども参加を模索している。

インフレとデフレ

　インフレは物価が上昇し続けること。デフレはその逆で、物価が下落し続けること。例えば、1万円の洋服が来年5000円になる（デフレ）とすれば、来年まで買わずに待つ（お金を使わない）ので景気が悪くなるが、来年2万円になる（インフレ）とすれば、今買う（お金を使う）ので景気が良くなる。長年にわたるデフレからの脱却をめざす安倍政権は、2013年、インフレになるよう目標を定め、個人消費を活発にしようとした。

円高と円安

　1ドル＝100円を基準にすると、1ドル＝80円になった場合は円の価値が上昇した状態で円高、1ドル＝125円になった場合は円の価値が下落した状態で円安となる。例えば、1ドル＝100円の時に1万円を両替すると100ドルになり、1ドル＝80円の時に両替すると125ドル、1ドル＝125円の時に両替すると80ドルになる。アベノミクスの量的緩和政策の結果、過度な円高が解消され国内の輸出企業の利益が増え、株価も上昇した。

覚えておきたい英字略語

USA「アメリカ合衆国」　　　　UK「イギリス連邦」
UN「国際連合」　　　　　　　EU「欧州連合」
GDP「国内総生産」　　　　　　NGO「非政府組織」
NPO「非営利組織」　　　　　　M&A「企業の合併・買収」
FTA「自由貿易協定」　　　　　EPA「経済連携協定」
ASEAN「東南アジア諸国連合」　APEC「アジア太平洋経済協力」
NATO「北大西洋条約機構」　　　PKO「国連平和維持活動」
UNESCO「国連教育科学文化機関」UNICEF「国連児童基金」
IOC「国際オリンピック委員会」　WHO「世界保健機関」
NASA「アメリカ航空宇宙局」　　WTO「世界貿易機関」

国　際

米国・メキシコ・カナダ協定（USMCA）

　1994年より発効しているNAFTA（北米自由貿易協定）の後継として米国・メキシコ・カナダの3国間で結ばれる自由貿易協定。NAFTAと比較して、USMCAでは自動車やトラックの域内生産促進、知的財産権の保護強化、環境や労働に関する法制強化、などが協定交渉の主な焦点となった。すでに3国の署名と3国の立法府による批准は完了しており、2020年7月には発効する予定。

米朝首脳会談

　朝鮮半島非核化を目的に、アメリカのトランプ大統領と北朝鮮の金正恩（きむじょんうん）朝鮮労働党委員長の会談が、2018年6月シンガポールのセントーサ島で行われた。両国トップによる会談は史上初。2019年2月にはベトナムのハノイで2回目の会談が行われたが、アメリカが求める朝鮮半島の非核化に北朝鮮が応じず、合意文書の調印には至らなかった。同年6月にはトランプ大統領が現職アメリカ大統領として初めて北朝鮮を訪問し、非核化協議の再開で合意した。北朝鮮は、2006年に地下核実験に初めて成功したが、その後国連安保理が行ってきた経済制裁により疲弊していると言われており、今後の動向が注目される。

イギリスEU離脱

　イギリスは2020年1月、47年間加盟していたEUを離脱した。離脱に際し、演説でジョンソン首相は、EU27か国とのこれまでのような関係を断つことは「国家として本当に再生し、変わる瞬間だ」と説明した。イギリスは2020年12月までにEUとの間で新たな通商協定を結ぶ必要がある。2016年6月に国民投票の結果を受けて離脱が決定してから3年以上がたち、2度の首相交代を経て、EU離脱が実現した。

日本の領土をめぐる情勢

・北方領土問題（国後島・択捉島・色丹島・歯舞群島の帰属問題）
　第二次世界大戦末期の1945年に当時のソ連が占領し、現在もロシアの不法占拠が継続。
・竹島問題
　1953年に韓国が占領し、現在も韓国の不法占拠が継続。
・尖閣諸島問題
　中国政府及び台湾当局が領有権を主張。
　日本政府は、日本固有の領土であるとの立場から「領土問題は存在しない」との立場を明確にしている。

新型コロナウイルス感染症（COVID-19）

　新型コロナウイルス感染症は、過去にヒトで感染が確認されていなかった新種のコロナウイルスにより罹患する感染症。日本では2020年1月、感染症法に基づき「指定感染症」と定められた。世界保健機関（WHO）は3月に世界的流行を示す「パンデミック」を宣言。「パンデミック」宣言は、2009年の新型インフルエンザ流行以来11年ぶり。日本国内での流行を受け、政府は4月に「緊急事態宣言」を発令し、外出制限や営業制限の要請を行った。

時事問題

世界の主な政治家

トランプ：アメリカ大統領　　ジョンソン：イギリス首相
メルケル：ドイツ首相　　　　マクロン：フランス大統領
プーチン：ロシア大統領
習近平（しゅう　きんぺい）：中国国家主席
蔡英文（さい　えいぶん）：台湾総統
文在寅（むん　じぇいん）：韓国大統領
グテーレス：国連事務総長

科学・文化・スポーツ

吉野彰氏がノーベル化学賞を受賞

　2019年にノーベル化学賞を受賞したのは、リチウムイオン電池を開発した吉野彰（よしのあきら）旭化成名誉フェロー。高容量で小型軽量というメリットを持つリチウムイオン電池は、スマートフォンやノートパソコンなどのバッテリーとして広く使用されており、日常生活においても身近な存在である。利便性が高いだけでなく、再生可能エネルギーの有効利用を支える存在として、環境保全の観点からも注目されている。

　吉野氏の受賞により、日本出身のノーベル賞受賞者は28人。化学賞受賞者は8人で、物理学賞（11人）に次いで多い。

IUGSがチバニアンを認定

　チバニアンとは「千葉時代」の意味で、約77万4000年前から12万9000年前にかけての地質学上の時代名称。千葉県市原市の養老川沿いにある地磁気逆転地層が、地質時代の境界が最もわかりやすい場所として、2020年1月、IUGS（国際地質科学連合）に認定されたことによる命名。認定の申請は、岡田誠（おかだまこと）茨城大学教授を中心とする研究グループが行った。IUGSによる認定は、世界では74か所目、国内では初である。

高輪ゲートウェイ駅が誕生

　JR山手線・京浜東北線の新駅として2020年3月、高輪（たかなわ）ゲートウェイ駅が誕生した。山手線としては西日暮里駅以来、49年ぶりの新駅開業である。リニア中央新幹線の始発駅として予定されている品川駅に隣接し、東京国際空港（羽田空港）にも近いことから、東京と世界のゲートウェイ（玄関口）として期待されていることなどが、駅名の由来。掃除や警備を担うロボット、スタッフ無人のコンビニエンスストア、人工知能搭載の電子看板などの存在により、最先端の技術が投入された駅となっている。駅舎のデザインは、国立競技場も手がけた建築家の隈研吾（くまけんご）氏。

2019年の漢字「令」

　日本漢字能力検定協会（漢検）は、毎年その年の世相を表す漢字一字を12月に発表している。2019年は「令」。元号が令和に変わったほか、法令改正による消費増税、不祥事による法令遵守、自然災害での警報発令・避難命令などにより、今年の漢字として選ばれた。

　18年は「災」、17年は「北」、16年は「金」だった。

ラグビーワールドカップが日本で開催

　第9回ラグビーワールドカップが、2019年9〜11月に、日本の12会場で開催された。日本代表の活躍や「にわかファン」の出現などで、大会は大いに盛り上がった。観客動員数は延べ約170万人。日本は予選プールを1位通過し、初の決勝トーナメント進出を果たしたが、トーナメント1回戦で敗退（ベスト8）。第10回大会は2023年にフランスで開催される予定。

スーパーコンピュータ「富岳」の運用開始

　「富岳（ふがく）」は「京（けい）」の後継機。理化学研究所計算科学研究センターと富士通が共同開発中で、計算速度は「京」の約100倍を目ざしている。本格運用は2021年開始予定だったが、新型コロナウイルス対策のため、1年前倒しで試行的利用が開始された。約2000種類あるといわれる既存医薬品からの治療薬探索などの役目を担う。

時事問題

話題の文化人・スポーツ選手

望月新一（もちづき　しんいち）：数学者
八村塁（はちむら　るい）：バスケットボール選手
渋野日向子（しぶの　ひなこ）：ゴルフ選手
桃田賢斗（ももた　けんと）：バドミントン選手

✓ 面接直前再チェックリスト

前日までに確認

- □ エントリーシートや提出書類のコピーに目を通し、記載された内容を繰り返しおさらいする
- □ 面接会場までのルートを、電車・地下鉄・バス・徒歩など、複数の交通手段で確認する
- □ スーツ・シャツのシワ・汚れ、靴下・ネクタイの柄などを点検し、靴は磨いておく
- □ 髪の長さや色を確認し、爪をきれいに切っておく
- □ 面接時間を考慮して、昼食の予定を立てておく（サンドイッチやおにぎりなどを用意するかどうか）

当日〜朝から会場まで〜

- □ 時間に余裕をもって起床し、朝食をきちんと食べる
- □ 当日の新聞にざっと目を通し、大きな事件などはだいたいの内容を把握しておく（新聞を読まない人は、インターネットなどでニュースをチェック）
- □ 寝ぐせなどがないように、高校生らしい、清潔感あふれる身だしなみに整える
- □ ネクタイやリボンが曲がっていないか、シャツが出ていないか、ボタンが外れていないか、など服装を確認する

当日〜控え室から面接まで〜

- □ 携帯電話・スマートフォンの電源はオフにしておく
- □ 心を落ち着かせて、面接のおさらいをする
- □ 緊張をほぐすには、足の裏に神経を集中させたり、「鼻から吸って口から吐く」深い呼吸をしたりするとよい

当日〜面接〜

- □ 姿勢を正し、笑顔を忘れずに、面接官の目を見てはっきりと話す
- □ 知らないことには無理して答えず、「わかりません」と答えてかまわない
- □ 結論から話して、答えの「理由」「背景」「具体例」なども積極的に伝える

必ず聞かれる質問を確認！

□この大学を選んだ理由は何ですか
➡入学したいという強い意志、大学の特色や、どこに魅力を感じたのかをしっかり伝えよう
□この学部・学科を選んだ理由は何ですか
➡この学部・学科で何を学びたいのか、「学び」の内容を将来にどう生かしたいのかを伝えよう
□将来の夢を教えてください
➡5年後・10年後の自分をイメージ、夢の実現には何が必要だと感じているか、何をしようと思っているかを伝えよう
□高校生活で、いちばん力を入れたことは何ですか
➡何を目標に高校生活を過ごしてきたか、目標達成のためにどんな努力や工夫をしたかを伝えよう
□自己PRをお願いします
➡自己PRしたいことを2つ用意、具体例を示して「自分が好きだ」という気持ちでアピールしよう

持ち物リスト10

□①受験票
□②時計または携帯電話・スマートフォン
□③筆記用具
□④現金またはSUICA・ICOCA等の乗車カード・電子マネー
□⑤会場までの地図
□⑥ハンカチ
□⑦ティッシュ
□⑧眼鏡（コンタクトレンズの人：ゴミが入ってコンタクトを外す場合や、落とす可能性あり）
□⑨常備薬
□⑩使い慣れた参考書

◎季節によっては飲み物（500mLのペットボトル等）。
また、不測の事態に備えて、高校・担任の先生の電話番号をメモしておくと安心。

学研模試セレクトシリーズ

今から間に合う
総合・推薦入試面接

・・・

著　　　者	宮岡政徳

イラスト	ホンダチヒロ
デザイン・DTP	武中祐紀
編集協力	遠藤理恵
印刷所	凸版印刷株式会社